suncolor

suncolor

靈界的譯者 3
情與愛的輪迴

索非亞 著

suncolor
三采文化

愛情需要面對人生的篤定與細膩情感

國立政治大學宗教研究所副教授

總覺得台灣女人愛得有些狼狽。婚前捕獲芳心的遊戲太費神，與婚後賢妻良母的負擔又太懸殊。不然，坊間為何充斥著「男人不希望你知道」、「學校沒教的」種種女性教戰手冊？每次年輕女孩在捷運上捧著書，埋頭鑽研如何吸引取悅 Mr. Right，又在雜誌專欄劃下「如何使他離不開你」的祕訣時，我還是忍不住偷瞄一眼。這些書為甚麼不乾脆給個量化指數來定義 Mr. Right？還有，當親密關係變質時，如何全身而退？只能說這些教戰手冊仍然反映傳統心態——戀愛與結婚是命中註定的，所以好女孩只能被揀選、只能迂迴周旋永恆不變的愛中。但是愛果真天長地久就罷了，面對離婚率高漲，沒輒的女性只好將愛歸諸於天地，算命、斬桃花（甚至下蠱算了），成了宗教市場裡流浪不安的顧客。

索非亞這本書最大的好處就是，詳列「神棍特徵」：兩性關係上是得寸進尺、鼓勵依賴、以愛相誘、貶抑控制、凡事居功；品格特性則為積習不改、死不認錯、自己無法正常工作、巴著別人的成就來自誇、不合己意就恐嚇報復。索非亞談的是職場上的女性甘苦與智慧，但是這類神棍其實也是常見的愛情流氓，不過在對女性工作與情感的雙重剝削之外，更以裝神弄鬼合法化他的貪婪自私。萬一這種神棍的段數更高，高舉種種神聖經典與權威，在索非亞本書第二章林林總總的宗教愛情大觀，配上她實際與鬼神打交道的經驗，絕對陰陽兩濟、高下立見。

這是索非亞的第三本書，勾起我許多回憶。她上我「宗教與性別」課程時，每個週末全泡在英文字典裡；考碩士論文時，為賦予可蘭經現代詮釋的野心與時間限制的掙扎；演講她在棒球場上的奮鬥，不慍不火；因常在戶外奔馳而變黑瘦的臉龐，卻遮不住戀情的飛揚喜悅。

如果前兩本書是索非亞她天賦異稟的奇幻人生，那這本《靈界的譯者3：情與愛的輪迴》在慣常的犀利文字之外，還涵化了宗教所多年學習的知識基礎，以及她面對人生的篤定與細膩情感。我祝福她，更以她為榮。因為從她身上，我們真的體驗到知識與思考如何相映成彰，女性積極參與宗教詮釋，又如何創造出兩性平衡健康的成長。

若只是信仰缺乏改變，一切終歸無益

國立台北大學社會工作系助理教授

一位朋友與先生結婚近二十年，先生多次外遇，加上與同住婆婆不合，從年輕時的壓抑到爭吵不斷，想當然耳，這樣的家庭生活間接影響親子關係。後來朋友建議她尋求宗教信仰的慰藉，似乎在前世今生的孽緣、冤債解說中，當事人得到些許啟示。

索非亞寫道：人臉的五官排列，有時活脫脫看起來就是個「苦」字！我則認為一個人已經是苦，婚姻則是兩個人苦在一起，有些人還找個「小三」或「小王」，當然是苦上加苦。其實，人生本是苦中作樂，端看你如何認識、解讀與調適。

《靈界的譯者》出第三集了！此次談的是感情。作者分享了曾任靈媒翻譯經歷中的多采體認，佐以宗教理論、民間習俗或神話故事，也分享自身的愛情路途，同時討論不同宗教的婚姻觀點。原來人們不僅對生涯、事業需要未知世界的參照，而為情所困、所苦者，期待藉由宗教或玄妙力量來為自己排憂解難，更是所在多有！

但，索非亞說：「保生大帝是保佑身體健康的，可從來沒有人因為拜祂就不生病；五路財神是保佑財源廣進，可也不能從此改變貧富不均；註生娘娘是讓信徒求子和守護孕婦，然而許多人依舊苦於無法生兒育女。」所以，最該做的還是務實的面對自己及真正的問題，在可能的範圍內做一些改變吧！如果你覺得透過未知力量，有助於度過現下的苦境，求神問佛或許並無不可。但只是信仰，缺乏實作一切終歸於無益。

用心的經營才是生命的全貌與真實

索非亞

姊姊的小兒子「小綱」是我最鍾愛的寶貝，目前他就讀科技大學進修部，並在白天打工賺取學費，相較之下他的死黨屬於家境富裕，日前他便抱怨：「別人是含金湯匙出生的，我是含竹籤出生的吧？」沒錯，社會就是有很多不公平，每個人家世背景與資質優劣都不相同，有些人忙碌整天不過兩餐溫飽，努力也不能保證成功，有些人則富裕地莫名其妙？所以這個社會跟我們都息息相關、彼此相依，扶助弱者不僅是慈善、更有責任的成分，這點台灣人在天災時做得真好，不論是對台灣或國際的捐輸，都處處能見到台灣人的愛心。

不過台灣人的愛心很像是棒球的好球帶，理論上是要固定的，不過在立場不相同時卻有很大變化，同樣一顆球在當投手時總覺得是好球，打擊的時候則怎麼看都覺得壞得離譜！「受害者」在台灣挺可憐的，除了受害時會受到第一次傷害之外，接踵而來還要被罵又笨又蠢，怎麼會白癡受害的？怎麼不懂得保護自己呢？有時候我看社會新聞時也會覺得神棍新聞很離譜，只是我也會想：嘲笑、質疑會對受害人有幫助？能制裁與預防下一次的案件嗎？如果我也處在受害者的條件底下，我能「聰明到」不至於受害嗎？如果我們不能同情的理解受害人的處境，那有錢人也可以理所當然覺得窮人是又懶又笨吧？

在我尚未出書、揭露過去曾作為靈媒的經驗之前，我也在棒球場上遇過裝神弄鬼之人，藉以希望我對他崇拜、服從，我在過程中除了感到又好氣也好笑之外，更感受到處於權力結構弱勢的無奈，那時候更能體會到神棍所利用的手段與受害者在那個無助過程中的掙扎，如同出版第一本書的初衷：我不必以老師身分說教，只要平實地述說自身經驗，讀者即可用自己的智慧判斷，不需要懼怕鬼神或理會神棍的恐嚇，因此也是希望藉著這本書分享我所遭遇潛力神棍，分析神棍的十大行為特點供讀者參考，希望能降低神棍得逞的機率。

這本書我還提到了傳統宗教中對婚姻與女性的看法，許多富有歷史傳統的宗教往往帶著壓抑女性的教義教條，並且以經典為據，對此我無法認同，我認為這肇因於長久以來的「詮釋權」掌握於男性手裡使然，由一群男人解釋的宗教，可以想像他們無法有足夠的智慧完全解釋神的真理，而我深信神與真理是完美的，祂要人們活得幸福、快樂，這「人們」包含了男性與女性。除了同情神棍的受害者外，我也希望能關懷宗教受害者，這當中大部分是處於經濟與知識弱勢的女性。

進入二十一世紀的今天，還有許多女性遭到以宗教為名的迫害，在巴基斯坦有女性因為被強暴而被迫嫁給對方、在印度因為嫁妝不足而被夫家殺害、在柬埔寨或泰國因為貧窮而販賣女兒，貞潔、榮譽、種姓、業報使得提升人性的宗教竟成了迫害的工具，在台灣可能只有一小則新聞帶過，輿論上不但沒有遭受天災時那般的關懷，更多的是予以嘲諷，這對那些婦女的現況並沒有幫助，事實上更是再一次傷害，那畫面就像是在暴力事件發生時，就在一旁鼓掌叫好。其實我們不會離這些暴力太遠，家母在年幼時曾領過天主教的麵粉，而她的女兒已有能力捐助家扶中心及助養國外兒童，時代雖然往前走，但不代表沒有後退的可能，所以當我們享有充分的安逸與自由時，是否也能給同在地球的受迫女性一點關心、祈禱，甚至有機會時也能給予幫助？

我們自幼念的讀物、教科書乃至現在電視演的電視劇總會有個「結局」，我們很注重結局是否符合期待就像是看重人生要功成名就才是成功，盼望某次選舉就能改善結果、換個工作就能改善眼前工作的困境、換個交往的對象就能甜蜜美滿，人生不是只有那些轉折點的切片，每天每刻的累積才是生命的全貌與真實，做決定是重要的，點點滴滴的經營更是重要，就像是過去大人總說考到好高中、好大學就可以輕鬆了，但事實上輕鬆也不過是考完的那幾天，大學入學後才發現人生再也無法盼望考完試就自由了，過去的中學生的苦惱反倒覺得懷念呢！

人生大概就是這樣吧？不是短跑衝刺、而是馬拉松，祝福並祈求我們都能一起找到生命中的平安與幸福，阿敏。

目錄

第二篇

索非亞觀點解答感情問事！

一、親情篇

二、愛情篇

三、民間習俗

前言

無止盡的感情課題

「問世間情為何物？直叫人生死相許！」作者元好問的大名沒幾人聽過，但這名言可真是耳熟能詳，凡是談到感情腦海就立刻浮現這句話。我想這課題真的非常重大，不然不會有一堆姊姊阿姨來問尚在念中學的我，今日回想當時的畫面，還真虧她們問得出口！在中學之前搞不好也有人問過我，但恐怕我連問題都聽不懂，因此沒有太多印象，「男求事業、女問感情」幾乎是善男信女們拜神算命的主訴症狀，至今我仍驚訝於人們能把生活過得這麼糾葛，一切的一切又要從古早古早的時候開始娓娓道來了……。

約莫幼稚園的時候被大人發現我有「靈視」的現象，白話說來就是看到鬼啦！聰明絕頂的台灣人在驚嚇害怕之餘，仍不忘化恐懼為力量，找出可利用的價值，加上大家樂盛行的客觀條件因素，小小年紀的我就知道當翻譯可以混口飯吃，糊里糊塗許多年後，也在中學期間學人一起開了宮廟，主打服務項目是卡陰祭改，而我的主要功能便是與靈界眾生翻譯談判，搭起有形界與無形界之間友誼的橋梁。

成為靈媒的過程是半推半就，有時候覺得若能幫助人很好，可是很多時候又感到無力厭倦，特別是這一切與人間的慾望混雜在一起後，很多事情都看不清了，有許多時候只當作是例行功課在應付，那時候我關心的多半是棒球、朋友與學業，對於婆婆媽媽或年輕小姐問的：「什麼時候我先生會回來？」、「怎樣才能讓我先生對那個女人死心？」、「什麼時候我會有正桃花？」、「現在這個是結婚對象嗎？」通常我不太讓歐巴桑暢所欲言，因為她們在愁眉苦臉地訴說之後，沒阻攔之下很快就會變成哽噎、甚至嚎啕大哭！

來問事的人多半照先來後到的順序輪流提問，有時候結婚的先問、再接著發情的小姐，所以時常是前一個哭哭啼啼喊結婚有多苦命，那頭聲音未歇，這頭馬上又接一個來問：「我什麼時候才能找到好對象結婚？」我都好想跟她說：「後面有包廂，妳可以去陪那位阿姨聊聊好嗎？」或許就如同法國諺語形容的：「婚姻是被圍困的城堡，城外的人想衝進去，城裡的人想逃出來。」其實何嘗僅有婚姻是如此？生命中有太多慾望，生理與心理交織下的生苦、老苦、病苦、死苦、求不得苦、愛別離苦、怨憎會苦、五陰熾盛苦，人臉的五官排列，有時活脫脫看起來就是個「苦」字！也就不意外會尋求外力的解脫了。

感情這檔事實在是太惱人了，人財兩失的故事如果不夠離奇還上不了報紙版面，嚴重的腦袋打結者還會操刀燒木炭的，威脅我們國家人民的生命財產安全，可一點也不遜於其他犯罪，因此「感情」一直是很重要的主題，每天在不同的戲劇頻道都有，新聞頻道的政治版面也會插花，遙控器轉到後面幾台仍然精彩，算命節目總是歡迎民眾洽詢，各種合和法術或斬桃花產品，努力地從九十幾台邁向購物頻道。也因此宮廟神壇除了祭改問事之外，服務信眾感情事也是一大宗，誰說清官難斷家務事？時勢所趨，這些在神桌上的大小神明官員，也不得不斷家務事了。

就我的記憶回想，各項靈異、風水、法術之說，在解嚴後大鳴大放，相較於現代，那年代仍處於結婚率高、離婚率低的時期，相親之事稀鬆平常、離婚則是天大地大的八卦，在那年代男女界線仍算分明，反而「求正緣、找對象」容易多了，不似自幼習慣於男女相處的我們現在這般地苦惱，至於外遇、家暴等問題也很少獲得關注，不是說沒有這樣的問題，而更像是理所當然的無可奈何，在元配睜一隻眼、閉一隻眼的隱忍之下，還有人忝不知恥說：「有什麼委屈？我爸那時娶『細姨』時，我媽還替她縫棉被，老公有本事再娶應該要覺得光榮！」這年頭如果還有元配幫細姨縫棉被的話，那棉被裡面一定藏有許多「忘記」收起來的針頭，而且是含有被病毒感染的那種！

隱忍、認分、成全讓許多壓力堆砌在婦女的心頭，這也讓很多婦女尋求宗教信仰的慰藉，獲得精神上的昇華與超脫，加上台灣文化受佛教影響甚多，普遍相信輪迴、業報，希望透過此世的受報、修行，來獲得更好的來世，不少神棍便藉著這些觀念，加上求助者急於解決痛苦的迫切性下，身心飽受煎熬，失去了判斷力，因此台灣不時就會出現神棍詐財的新聞，那還是得要被害人勇於揭發才浮上檯面，多少人是自認損失不高或尚未上鉤，便抱著學個教訓或少惹事端的心態，讓這些神棍繼續為所欲為，也讓有些本來沒膽幹神棍的，在被害人姑息隱忍後，食髓知味、擴大犯行，對此我一向深痛惡絕，也會在本書後面詳細說明。

提到修行的觀念，真的很難想像一些姊姊們的修為與度量，記得有回在修行道場閒談時，提起某個名字，只見一旁師姐淡淡地說：「喔，跟我先生外面的女人同名。」當時大家是靜默的，我想那位師姐已經度過最痛苦的階段，但是那個時刻，未曾經歷的我和旁人，也突然嘗到做人的苦楚。

在早期尋求神明的幫助屬於「消極性」，少見直白地要求神明斷了先生的小三，但求能保佑家庭平安、小孩順利成長，不要因為先生的外遇拋棄原本的家庭，還能給元配與孩子們照顧與關愛，如此卑微地懇求；至於先生外遇的行為，除了有人解讀為先生有行情之外，也有不少人認為這是先生的「外緣好」，也就是先生人見人愛，遇上外遇這檔事也是不得已，倘若神明斬了先生的桃花，深怕會傷了他的外緣，繼而影響工作、形象等等，出發點終究還是為了先生與家庭，不似尚未經歷婚姻的我，若遇到另一半外遇之事，哪裡管得了斬桃花枝？恐怕連他身上那支都想斬了！

人類的歷史走到了二十一世紀，很顯然地感情問題並沒有隨著女權提升而減輕困擾，相反的，坊間更是出現各式各樣的招桃花、斬桃花、合和術，祭拜的神明從最基本的月下老人，一路拓展到濟公、女媧、九天玄女和母娘，近年來狐仙和四面佛與兔子神也竄升進入排行榜，這時代變動的步調真的太快了！這些神明分別扮演何種功能容之後慢慢細講，這也看得出來一位「月下老人」已經無法滿足信眾們的需求，可見得感情真是許多人們的困擾，且會無止盡的蔓延下去。

第一篇

索非亞觀點看感情這回事！

緣分是靠經營的！
也就是倘若你要與某人有緣分，那就好好結善緣、種福田，藉由今日種種的作為，成為明日未來的結果，因此緣分並非是無法掌握的手中清風，而是能藉由經營加以延續、增溫，就像是西方諮商等學說談到家庭與婚姻，也都主張關係是要靠經營的，都是同樣的道理。

第一章

桃花求姻緣的來龍去脈

自從就讀宗教研究所後，培養了凡事從歷史脈絡探討現在社會現象的習慣，例如源自於印度地區的佛教，傳播到中國呈現為漢傳佛教，西藏則為藏傳佛教，日本與韓國則為北傳佛教，東南亞則是小乘的南傳佛教，同樣是佛教卻有頗大的差異。

出家人的戒律也大不相同，這與佛教傳播到不同地區的歷史背景、自然環境都有關，即便有極大的差異，卻絲毫不減信徒對信仰的虔誠與受益。

前言談到了到宮廟求助的婦女，對於婚姻與外遇態度的轉變，現在則來討論招桃花與求姻緣的來由與演變。

招桃花求姻緣的來由

何以人們以「桃花」來形容異性緣？或許因其花雖美麗燦爛，一遇風雨卻很容易被打落，另因為桃花就開在春暖的三月，綻放花開的花期又遇到黃河流域的雨期，就如同人們對愛情的體驗：燦爛而又脆弱；此外，中國最早的詩歌總集《詩經》有記載：「桃之夭夭，灼灼其華。之子于歸，宜其室家。桃之夭夭，有蕡其實，之子于歸，宜其家室。桃之夭夭，其葉蓁蓁，之子于歸，宜其家人。」這是一首祝賀女子出嫁之詩，以桃花來形容貌美的少女與出嫁後家族興旺、和諧美滿的祝福，因此後人除了將「桃花」借用為異性緣之外，「于歸」、「宜家宜室」也都用來比喻女子出嫁。

古人視婚姻為終身大事，《禮記・昏義》：「禮之大體，而所以成男女之別，而立夫婦之義也。男女有別而後夫婦有義，夫婦有義而後父子有親，父子有親而後君臣有正。故曰：婚禮者，禮之本也。」將婚姻看重為禮之根本，這樣的觀念與男女有別的分際一直到這數十年來才有巨大的轉變，因此人們大多採父母之命、媒妁之言結為連理，私訂終身可是要鬧家庭革命的！因此在離我們不是很遙遠的爺爺奶奶時期之前，招桃花、求姻緣並沒有多大的市場。

從流傳下來的戲曲中也能知道，不同的環境與背景也保有小部分的彈性，總算有留下少部分求桃花的方法。相較於今日複雜的社會，古人的人際關係較為簡單，求桃花的方式也簡單多了，「去桃花樹那邊繞一繞」……是的，就這麼簡單，或許是太過於簡單了，後來新增了「要順時鐘繞才有效」，人類的社會果然是越來越複雜化，之後又演進為「拿一桃花樹枝刻上彼此的名字，埋七寸深在心上人必經的路上。」這年頭沒有人這樣做了，除了不小心被發現很丟臉之外，現在都是柏油路了要怎麼挖？而且為了求桃花而出動怪手破壞公有財產，很快就有 SNG 車來，要嫁出去也恐怕更難了……。

所以後來的「老師」建議要把小樹枝放在枕頭下，但是全民睡樹枝也不可能解決天底下所有的愛情課題啊！大概是因為這樣，所以又有老師說：「傻孩子，用樹枝怎麼有效呢？要用充滿生氣的桃花，妳的愛情才會開花結果啊！」睡一把盛開的桃花是難度太高了點，所以大家改成插花放在房間裡，可惜這還是沒能改善千百年來天底下所有的愛情課題，因此逐漸專業化的「老師」就配合陰陽五行、風水方位，建議不同的人應該在不同的地點擺上不同狀況的桃花。

招桃花一直到在二十世紀中葉左右，這些方法搭配拜月老、帶鉛錢❶，就是大部分人招桃花的方式，況且古早的時候，男人除了娶妻之外，有點錢的男人另養細姨、小妾是常態，沒有找到對象的女性相較之下成了少數，就算未走入婚姻或找到另一半，也有進齋堂當菜姑的選擇。這時代真的是翻轉了：古人離婚是眾人所恥，養小三是普遍尋常，才多少年的光景，離婚已是社會常態、外遇小三則是眾人皆惡。不論怎麼演變，很希望還能保有是非道德的底線，不要在我的兒女之輩，就連外遇小三都無所謂了。

記得有次上節目錄影談到台灣常拜的神祇，一旁的兩性專家很納悶，為什麼如此重要的兩性關係，卻沒有多少神祇來主責呢？我告訴她，過去的社會還真不把求偶當作很重大的困難，男尊女卑的社會文化之下，女性承擔了婚姻中維持和諧的多

❶「鉛」的台語發音與「緣」相同，身上帶著鉛表示能招來緣分。

數壓力，既然一方總是忍讓，自然沒有所謂兩性相處的「問題」，就如同這年頭年輕人不再甩婆婆，也就不再有所謂的「婆媳問題」；現在所討論的兩性、婚姻等等，都是在這二十年來才有極大的轉變，所以過去管桃花姻緣的因為業務量不多，所以就由月下老人統包。而隨著社會的變遷與複雜化，單就「求桃花」這項業務，也不能像過去擺擺桃花就算了，況且現代人追求「效率」，求神拜佛就像是看診一般，包括掛號、收費、看診等流程，為的就是符合效率，也要降低失敗風險、提高成功率！

所以有「老師」認為不能只有配合五行方位擺桃花，還要一起放「百合」，如此與異性相處才能既招得到又留得住。如果無效的話，那就是「數量」沒有控制好：如果希望很多人追求，就放一大把！如果已經有對象，那麼就放單枝，象徵著只有單純一對一的關係。只是不知道老師要怎麼處理單親有小孩的狀況？旁邊放桃花蜜餞嗎？現代人又有許多衣服款式的選擇權，因此「老師」也會建議多穿桃色、粉色，反正跟「桃花」越接近越好，只差沒貼兩片桃花花瓣在臉頰上。

只是桃花在台灣並不普遍，所以象徵富貴的牡丹也可以頂一下，可惜這兩樣花卉在台灣不是四季都有，還好受到西方文化的影響，多半以「玫瑰」象徵「愛情」，玫瑰過去一直以來因為帶刺而被視為非福氣的花卉，老人家決不讓玫瑰上神明桌、供桌，所幸西方媒體的強力播送，玫瑰一掃負面形象，超越桃花成為愛情的首席代表，其實「老師們」也是樂觀其成，因為台灣其實桃花的產量不多，玫瑰有多樣選擇又價格公道，四季產量穩定、易於購得，因此顯然已有取代桃花的趨勢，當然「老師」也會提醒妳，記得要把玫瑰的刺去除便是。

不過大量進口玫瑰也無法滿足台灣女性的異性需求，愛情還是一直困擾著我們啊！就像是感冒看醫師覺得多休息太慢，一定要吃藥快快好，更心急者就會請醫師「打一針」，直接注射更快啦！繞、抱、埋、睡、穿、戴都不夠力啦！乾脆把桃花吞進去，合為一體啦！所以開始有「老師」建議用「服用」的：因為吃桃花困難度較高，桃花蜜餞也不是很好買，所以只要跟「桃花」沾上邊的都可以，例如桃子、荔枝、蔓越莓等等，不管是生的、熟的、蜜餞或果凍，有相關就都可以啦！但是不可以用「龍眼」喔！因為台灣有句俗諺說：「揀啊揀，揀到一個賣龍眼❷」。

不過想當然耳，就算各位照做也未必能保證愛情隨即來敲門，以及婚姻的幸福，就算是搬到桃花林去住也一樣，你看桃花島主黃藥師就知道，事實上我不建議把這各種招桃花的招術全數用盡，想想看如果全都照做，除了能夠競選台灣桃花推廣協會理事長很有利之外，確實也讓大家都知道妳要招桃花啦，但也把自己搞得跟花癡一樣，這對求偶未必是件好事。不過「愛情」已經從過去社會「生殖的誘因」，演變為現在被歌頌、被視為「必需品」的人生課題，講土一點就是：「沒異性會死」的時代，各家「老師」仍努力研發各種招桃花的新招術，除了正在設計的「桃花牌月下老人金紙」之外，也與最夯的生技業共同研發「春風滿面桃花膠囊」中，請大家拭目以待。

心理學看求桃花

人們會發想出這麼多招桃花的方法其實是人之常情，許多民族都有此共通的特色，特別因為過去人類對自然界認識的知識有限，身家性命很容易因為大自然的稍稍變化便化為烏有，因此對大自然懷著敬畏之心，並相信有一股或多種超自然力量在支配環境，各種大自然現象就會有專屬的神祇，例如太陽有太陽神、月亮有月亮神，各種自然變化如風、火、水、雷也都有專屬的神祇，並發展出各種神話與儀式，希望能藉由各種手段來控制自然，避開禍患及實現願望，一般通常稱這些手段為巫術或法術。

這些信仰不只存在我們印象中的原住民族當中，歐洲社會在基督宗教成為主流的時代，對於未知的恐懼也將矛頭指向巫術，一四八五年兩位德國天主教修士出版了《女巫之槌》（*Malleus Maleficarum*）一書後，內容提到如何判斷女巫以及懲罰之，鼓勵人們告發女巫，而且多半是用暴力的手段，用現在的眼光來看此書當然非常可笑，例如發生天災致使農作物歉收時、孩子生病或牲畜死亡時，便抓出一些女性：特別是獨居老農婦或乞丐，因為她們本來就處於弱勢，沒有人會為她們辯護，而貧窮更是她們的原罪，因為這代表著她們更容易被魔鬼誘惑。凡有不順利之事即

❷此俗諺意指婦女嫁了不好的丈夫，這裡不是指責龍眼的不好，而是發音相同的關係，以便押韻。

可推到女巫頭上：抓出兇手、消滅惡源，便可讓大家過著幸福快樂的日子，這些所謂的「獵巫」行動在兩世紀的時間內，估計造成了四到六萬人死亡，因為她們被指控使用巫術。

所幸這些悲劇在今日應該不會再上演，反而還有不少人希望真有巫術存在，費盡千辛萬苦尋找會使用巫術者，「獵巫」不再是為了把巫師或女巫抓起來嚴刑拷打，而是為了發財、延壽、報復等各種私慾，即使要下降頭、養小鬼都有人願意去嘗試，腦袋突然無法思考其真實性與風險；當然人們大多還是會分辨是非善惡，拒絕這些邪惡的手段，只是對於滿足慾望的渴望，總不時挑戰人們的底線，聰明的人們自然有「轉化」的方式，也就是將法術再區分為善、惡，又有人將其分類為「白法術」與「黑法術」，其實不管怎麼分類，最終還是要靠人們的心念把守，別讓私慾戰勝了善念，否則失控時所造成的傷害絕對是後悔莫及的，不論報應是在今世或後世。

二十世紀初的英國學者詹姆士・喬治・佛雷澤爵士（Sir James George Frazer，1854～1941年）是人類學、神話學與宗教學的先驅，研究世界各地的史料文獻與調查表，出版了許多關於信仰的著作，其中最著名的大作《金枝》（*The Golden Bough*），他認為巫術或法術乃是因果連結錯誤的聯想，並依性質加以分類，最普遍的現象稱做「交感巫術」（sympathetic magic），顧名思義是一種具有互動關係的巫術，其中又可分做「順勢巫術」（Homoeopathic magic）和「接觸巫術（contagious magic），前者的順勢巫術代表離開人體的部分物品，仍然與人體有密切的關係，例如頭髮、指甲等等，所以對這些頭髮或指甲施行法術，就會在其所屬本人身上發生影響；後者的接觸巫術意思是相通的，只是作法的物品是當事人所接觸的物品如衣服、用品等等。

這些讓您聯想到什麼？沒錯！今日仍然盛行於台灣的一些祭改、收驚，也與佛雷澤爵士在其他民族所觀察到的是相似的，所以我們相信剪掉的頭髮、指甲和八字不能交給不明人士，這些都是被作法、放符的「基本工具」，倘若有厄運則會拿紙做的假人或衣服去祭改，由假人去受過、讓神明的庇佑透過衣服能傳達到人們的身上。至於效果如何呢？有用的人覺得很有效，但這始終無法接受實證科學的檢驗，大部分人同意是心理上的作用較大，而心理作用能對生理產生多大的影響又無法以實驗反覆證實，到底我們該如何看待？

先前兩本書我已經分享了過去擔任靈媒的經驗，我認為世界上應該是有無形的存在，不然我等於必須承認自己是有幻聽、幻視的病患，而與無形世界打交道經驗，我又認為我們能幫無形眾生的地方，遠多過於它們能幫助我們，因此很幸運此世為人的我們，無須求助於虛無縹緲、自身難保的無形眾生，反而應該對它們賦予同情的理解，並過好我們的日子。

記得前兩年我的大學死黨謝小羽找我去龍山寺「求姻緣」，新年期間在月下老人的殿前真是熱鬧，許多善男信女虔誠地祈求祝禱，我一方面跟同學說明求姻緣的程序和種種涵義，另一方面則納悶地問她：「妳不是要找對象嗎？真巧！這裡這麼多人在拜月下老人，為什麼妳們不就在此互相交換 MSN 啊？」同學一方面罵我三八亂講話，可是另一方面也不得不同意我的務實。

在先前的篇幅我已經說明了求桃花的來由與演變，可以理解這是個「心理現象」，社會心理學上有所謂的「自我實踐預言」（Self-fulfilling prophecies），意思是一個人的信念或期望，不管正確與否，都會影響到一個情境的結果或一個人或團體的行為表現，例如標籤某人為罪犯，並以罪犯待之，那個人可能就傾向於他人期望而產生犯罪行為。這樣的理論後來運用於教育實驗，探討教師對學生的態度所造成的影響，研究顯示若教師對學生給予正面和積極的態度與期望，就有助於學生提升學習表現。

所以對於「招桃花」各項方式，不能說它絕對無效，但也不能視為求偶的唯一手段，曾經聽過有個案例，某小姐花了三十幾萬到苗栗通霄某間宮廟作法求桃花，事隔一年後仍然是無消無息、沒有動靜，一旁的友人倒覺得：「這些錢拿去治裝打扮，多找些朋友聚餐聯誼，應該早就有好消息了！」

過去來我的宮廟求桃花姻緣者，除了如實向上蒼稟告心願外，我若有感應到提醒我也會轉達，並多以鼓勵的方式，請求助者為自己的姻緣做好準備，不是憑空等待，想中樂透也得要先買一張，就算要中統一發票，也得先消費吧？而且我不曾鼓勵燒紙錢招桃花或藉此化解阻力，因為依據個人的經驗，燒很多很多的紙錢對招來無形眾生有明顯的效果，對於實踐活人的願望則沒有可靠的關聯，只有想跟好兄弟交往者才推薦以此方法招桃花，而且卡到的好兄弟也不太會變心後棄妳而去。

坊間招桃花的方式大致已在前半段說明，主要是讓招桃花者以各種方式感覺到桃花上身，增進求助者的動機與信心，不過也有些人求助於手段更激烈的法術，例如作法讓小鬼去使某人瘋狂愛上自己，這種已經是控制他人靈魂心智的手段，已經超越人與人之間應守的分際，當屬所謂「黑法術」、「邪術」之類，其衍生的副作用、報應實在不敢想像，只為逞一時之私，卻要付出更多的代價，值得嗎？所謂強摘的果子不會甜，以邪術侵害他人的理智和靈魂，這樣強要來的關係真的是可以無惡報的平安到老嗎？

過去在擔任靈媒期間，我曾被一女子求助，她的擔心害怕是因為前一年愛上了某男性，除了採用一般方式追求之外，也到私人宮廟神壇作法，請小鬼讓兩人交往，不知是否為無形的力量，抑或是各種追求奏效，兩人後來確實是在一起了。豈料一年後女子又遇見更心動的對象，但是若分手又擔心當初驅使的小鬼報復翻臉，也是啦！那些作法的小鬼又不是計時的工讀生，一打交道就能白紙黑字的清清楚楚，倘若反悔或賴皮，又該如何是好？此事搞得那女子極為苦惱而且害怕，不想繼續這段關係，又怕無形的小鬼報復，因此再度尋求通靈者求助，各家通靈老師又說法不一，耗費許多金錢仍無法獲得心靈的平靜，人啊，這是何苦呢？

主管桃花姻緣的神明

求人不如求己，如果求桃花不透過通靈、法術，總可以求神DIY吧？各種行業或困難有不同的神祇，桃花與姻緣也有「月下老人」來主責，正式的職稱是「月華真君」，其出處是唐朝的小說《唐人傳奇》當中的一篇〈定婚店〉：

……斜月尚明，有老人倚布囊，坐於階上，向月撿書。……因問「囊中何物？」曰：「赤繩子耳。以系夫妻之足。及其生，則潛用相系，雖讎敵之家，貴賤懸隔，天涯從宦，吳楚異鄉。此繩一系，終不可逭，君之腳，已繫於彼矣。他求何益？」

這篇唐朝的小說中提到男主角韋固很想要結婚，約好要去相親那天，很早就出門去等，月亮都還沒落下，只見約定地點有一老人正聚精會神看一本怪書，韋固本來覺得自己讀了不少書、識得不少語文，怎麼沒見過那本書中的文字，所以去找老人家搭訕。老人家說這可不是凡間的書，他當然看不懂囉！韋固繼續追問得知此書是用來記載凡間人的姻緣，身旁的布袋則裝著繫在男女腳上的紅繩。只要被紅繩拴住的男女，不論他們現在是仇家、貧富差距多懸殊或是相距多麼遙遠，最後一定會成為夫妻。想要結婚很久的韋固聽了就很心動，央求老人告訴他自己的另一半在哪裡？老人告訴韋固，韋太太是市場的一位賣菜陳婆懷裡的三歲小女孩。而且還帶韋固一起去找她。

在市場找到這小女孩後，韋固大失所望，覺得她實在是醜斃了！氣得跟老人家大罵：「有沒有搞錯啊？叫我娶這個醜滋滋的！老子宰了她，看她怎麼嫁給我？」老人家悠悠地說：「姻緣天注定，你改不了的！」說完之後，故事都是這樣演的：老人便消失不見了。韋固還是超不爽的，買通了僕役隔日去把小女孩一刀殺了，兩人並趁亂逃走。他問僕役說有沒有殺到？僕役說一開始是想戳心臟一刀，可是後來失手刺到眉間。此事之後韋固還是繼續到處求偶找對象，但是都沒有成功。

十四年之後韋固受長官賞識，將女兒許配給他，新婚之夜韋固見到了新娘，十

六、七歲的她很漂亮，可是總貼著花飾在眉間，就連洗澡也都如此，納悶的韋固在一年之後想起過去菜市場行兇之事，於是便追問妻子，太太才說：「你的長官應該是我的叔叔，我的親生父親原本是宋城縣令，可是家中發生變化，自幼便成為孤兒，後來被家奴陳婆帶大，七八年後遇到叔父才被收為義女。三歲的時候陳婆抱我去菜市場，遇到神經病突然拿刀刺我，所以留下這道疤痕。」

韋固追問：「陳婆是不是有一眼瞎掉？」太太很驚訝說：「你怎麼會知道？」韋固便自己承認：「刺你的神經病就是我啦！」講開之後深覺真是姻緣天注定啊！從此夫妻恩愛有加。宋城的地方官得知此事後，便將該店題名為「定婚店」。因為這篇小說提到老人是掌管人間的姻緣，又是在月光下遇到的，所以日後衍生主管婚姻的神明是「月下老人」。如果那家店有繼續營業的話，一定是大家相親的熱門店家，不輸當年民生西路的波麗路餐廳！

由於過去姻緣的需求很少拿到檯面上談論，需求量也不似近二十年來如此龐大，月下老人較少作為廟宇的主神，多半是廟中的陪祀，例如台北霞海城隍廟與龍山寺、日月潭龍鳳宮、台南天后宮與高雄武廟，都是傳統上拜月下老人很著名的廟宇。其實在唐朝有月下老人之前，已有專門的神祇在管婚姻，早在上古時代就開始祭拜補天的女媧娘娘，傳說她是人類的始祖，並且「鍊石補天，捏土造人，立極造物，別男女，通婚姻，造笙簧」，既然是設立婚姻制度的始祖，除了求婚姻可以拜託女媧娘娘，造人的女媧娘娘也「包生子」，想生小孩的也能拜！之後姻緣與生子才又分化為「月下老人」和「註生娘娘」掌管。

至於最新竄起的「四面佛」，近年來也是求愛情的熱門對象，早在民國七十年左右就有信徒從泰國迎到台灣供奉，不過由於台灣人對東南亞的信仰總會聯想到神祕事物，甚至有是否為正神的疑慮，因此四面佛早年在台灣也蒙上一層神祕的面紗，直到赴泰國觀光興盛後，發現四面佛幾乎是家家戶戶在庭院前供奉，加上寺廟一向是泰國的特色，行程中自然會安排到著名的廟宇參訪，特別是許多台灣人對於拜拜情有獨鍾，反正寧可信其有、有拜有保庇，「進香團」不就是我們台灣非常具有特色的觀光形態嗎？因此到泰國參拜四面佛，加上導遊在一旁敲邊鼓列舉神奇靈驗的神蹟，台灣人也越來越能接受拜四面佛了，近年來甚至從南到北都有分靈和專屬廟宇了。

我去泰國旅遊時也曾去參拜過四面佛，看看是不是裡面真的有四個神？就我來看，裡面還是只有一位靈坐鎮，沒有分成四個部門，四面象徵的意義是保佑四方，因此在十字路口也常見四面佛坐鎮；另外請導遊詢問當地人，原來四面佛在泰國文化中，比較像是台灣人的土地公，多半用於守護家園與鎮煞的，這有點像是風獅爺或石敢當，許多公路的起迄點或休息站也會供奉，有沒有注意到有些司機準備上路或路過時，還會特別停下來放些小鈔在神龕中供養？因此泰國的四面佛幾乎都是供奉在家門之外，不似傳統上入家門供奉在廳上的神佛。

就泰國傳統與經典來說，「四面佛」更精確的說法應該是「四面神」，乃是印度教三大主神之一：「梵天」的化身，有別於導遊說四個面分別代表求婚姻、感情、事業和健康或者不同的慾望，其實應該是分別象徵知足常樂、與人為善、敢做敢當和樂善好施，如此一說應該非常清楚，拜神不是交易買賣，神明也不是人請的員工，花幾百元就要神明幫助闔家平安、升官富貴、求姻緣、斬外遇？乾脆以後廟裡都不用擺花燭香案，放個許願販賣機不更方便？

至於曼谷市中心為何要在鬧區擺尊四面佛呢？下回去的時候往四周景物觀察一

番便知，那對面正巧是泰國的法醫中心，許多非自然死亡的大體都送往這裡，再加上本來這區塊就是曼谷早期發展的中心地區，許多戰爭的戰鬥現場也發生於此，因此泰國人對那附近總覺得毛毛的，所以供奉了四面佛來鎮煞，後來除了讓人們感到平安之外，市中心也很適合觀光團順道參觀，加上導遊的故事渲染，這尊四面佛便從台港又紅回泰國！

這歷史總讓我想到台北市市中心的殯儀館，對面一整排都是殯儀業者或相關行業，不然是會有婚紗店要開在那裡嗎？除了殯儀業者開店經營之外，那裡也有香火鼎盛的行天宮，為眾人消弭恐懼疑慮，這是在市中心有凶險又無法遷移的建築物，自然的地理發展配置，在台灣有些凶宅則會改做為宗教道場，這都是人性使然。我是有聽說婚姻真的很恐怖，但是不知道會恐怖到要拜四面佛來鎮煞耶！所以，求姻緣拜四面佛自然還是回歸信仰的基本面吧！

而現代社會變動極快，異性間的戀愛與婚姻已經無法符合所有人的需求，同性戀也從不可談的禁忌，成為社會上可被部分接受的型態，同性戀者與異性戀者一起拜月下老人，總覺得有些怪怪的，因此今日也有專屬同志所拜的姻緣神：「兔兒神」。兔兒神的來由也是小說，出處為清代袁枚的筆記小說《子不語》，該書多半是袁枚親朋好友口述的鬼怪故事，其中一篇《兔兒神》❸當中：

清代胡天保暗戀御史，有天尾隨御史去洗手間還偷摸他的屁股，現行犯被抓到，刑求後供出因為愛戀御史才這樣做，御史非常生氣並把胡天保處死，死後他託

---

❸國初，御史某年少科第，巡按福建。有胡天保者愛其貌美，每升輿坐堂，必伺而睨之。巡按心以為疑，卒不解其故，胥吏亦不敢言。居無何，巡按巡他邑，胡竟偕往，陰伏廁所窺其臀。巡按愈疑，召問之。初猶不言，加以三木，乃云：「實見大人美貌，心不能忘，明知天上桂，豈為凡鳥所集，然神魂飄蕩，不覺無禮至此。」巡按大怒，斃其命於枯木之下。逾月，胡托夢於其里人曰：「我以非禮之心干犯貴人，死固當，然畢竟是一片愛心，一時癡想，與尋常害人者不同。冥間官吏俱笑我、揶揄我，無怒我者。今陰官封我為兔兒神，專司人間男悅男之事，可為我立廟招香火。」閩俗原為聘男子為契弟之說，聞里人述夢中語，爭醵錢立廟。果靈驗如響。凡偷期密約，有所求而不得者，咸往禱焉。程魚門曰：「此巡按未讀《晏子春秋》勸勿誅羽人事，故下手太重。若狄偉人先生頗不然。相傳先生為編修時，年少貌美。有車夫某，亦少年，投身入府，為先生推車，甚勤謹，與僱直錢，不受，先生亦愛之。未幾病危，諸醫不效，將斷氣矣，請主人至，曰：『奴既死，不得不言。奴之所以病至死者，為愛爺貌美故也。』先生大笑，拍其肩曰：『癡奴子！果有此心，何不早說矣？』厚葬之。」

夢給鄉親說，他被處死是因為愛慕大人，不似一般的匪徒，在地府雖然常被笑、被消遣，但是陰官們都沒對我生氣，還封我為兔兒神，專管男同志的戀愛，請大家幫我建廟傳香火吧！」而福建地區本來就有所謂「乾兄弟」的習俗，此夢境傳出去後，同志們除了建廟奉祀之外，許多想偷偷約會和戀情不被同意的同志都會來這裡約會和拜拜，祈求兔兒神的保佑。

另外光緒年間林星垣所編輯的《滄海拾遺》也有段「兔兒爺」的故事，不過就溫馨多了！話說男主角殷善和耿漢是好朋友，感情好到令女生都會羨慕，有天來了土匪襲擊，土匪首領也是同性戀並把殷善擄走，而且當時正發生瘟疫使百姓們受苦，耿漢痛苦地半夜向月亮祈禱，結果天上降下個俊美的少年神天，自稱是來自於月宮的兔神，感受到耿漢的誠心，所以下凡來分贈搗藥月餅！此外還把殷善與耿漢兩人作為相守誓約所種的一片幽蘭，都變成了黃金蘭花，讓耿漢拿去贖回殷善。事後兩人當然是萬分感謝，月兔神還說要像月光普照世人一般，讓他們可以廝守終身、永不分離！

至於為什麼兩篇小說談到男同志神，都是以「兔子神」化身呢？除了部分男同志因為有女性化行為動作，陰柔的部分令人聯想到月亮，而月亮上面又傳說有搗藥的兔子，故而聯想之，不然嫦娥姊姊或是砍樹的吳剛形象都不大適合；此外在大家都讀過的《木蘭詞》當中有一句：「雄兔腳撲朔、雌兔眼迷離，兩兔傍地走，安能辨我是雄雌？」將性別難辨的兔子影射在性向不同於大眾的同志，於是漸漸將同性戀稱之為「兔子」，同志要求姻緣自然也是去找兔兒神了！

大家求姻緣的典故大致是如此來源，特別是月下老人的由來，呼應了華人的「宿命論」，「姻緣天注定」的看法被多人接受，這樣的想法與此小說互相呼應、加深，月下老人的故事便傳誦千古，多半會認為是宗教傳說，而非唐代的一篇小說而已。

台灣有些鬼故事的出處是從電影，例如穿紅衣服自殺會變成厲鬼報仇、鬼會怕女生的經血等等❹，神話故事是古早的心理學，在沒有所謂的心理治療的長遠人類歷史中，神話故事為人們療癒靈魂，故事的真實性、合理性其實無需討論，值得討論的是其背後的涵義與能流傳千古的現象。

很顯然地，月下老人的故事很符合華人對婚姻的看法：對於未婚者有個被期待的正確對象，對於已婚者也有個繼續維繫婚姻的理由，對於穩定社會有很好的功能，當然也有些神棍藉此誆騙能窺看「姻緣簿」、控制「紅線」等等，將神話與實際混淆而獲取大筆金錢，如此淪為被神棍用來欺騙的工具實在是太令人氣憤了。

此事倒是激發了我另一個想法，對於棒球一向很狂熱的我，經歷過棒球很多很難解釋的現象，真的覺得對棒球不能鐵齒，總覺得棒球真的是有「神」，所以我很想刻一尊「棒球之神」來遵奉：左手把拂塵改成球棒、右手持寶珠改成棒球就好！此外我總覺得棒球圈的兩性平等有待加強，因此棒球之神我考慮用女性的形象：就是老婆婆的形象來雕塑。這倒是讓我其他棒球夥伴產生反彈，認為棒球之神怎麼可以是女性呢？無法體諒我希望藉此來提升棒球女性人口的用心良苦啊！

索非亞看求桃花與姻緣

年幼之時要我能理解感情和婚姻的苦痛，實在是太困難了，那時擔任靈媒的我，只能當個最理性稱職的翻譯官，凡來求助者，便直譯靈界的訊息，反正來求問的不管問什麼？神明怎麼回就怎麼翻譯就好了！但很多人都會來問，現在的對象是否為「正緣」——也就是所謂注定要結婚的對象，倘若不是的話，也別以為這問答就能結束，人們往往會追問：「沒有解決的辦法嗎？真的不是我的正緣嗎？我真的很喜歡他、他也喜歡我啊！」、「我害怕這次沒有好好把握，就再也遇不到了！」

先生、小姐啊！你以為結婚、愛情是打線上遊戲嗎？遇到很難破的關卡和魔王，用寶物就能夠處理得好喔？乾脆請神明賜一杯忘情水，症狀會好得比較快！不死心的還會「多問幾家」，也是啦，婚姻乃人生大事，多問幾家比較保險，最好紫微、八字、姓名、塔羅、星座和通靈都去問，最後以民主的投票來定勝負！例如曾

❹請參考《靈界的譯者》、《靈界的譯者2》。

見過幾位非常想嫁醫生的小姐，在我看來是一頭熱，不勞煩神明就先好言相勸，畢竟婚姻愛情若只是單方一頭熱的付出，會是非常辛苦也常會面臨後繼乏力的窘境而告分手，所以在我這無法獲得滿意的答覆後，便會再找其他老師，然後分析道：「紫微老師說我的先生會走醫療、八字老師說我今年會嫁、姓名老師說我們很合，塔羅老師說這次要好好把握，星座老師說會有困難但還是會有結果，通靈的連我先生的相貌都講出來，很相符耶！這次我很有信心！」

俗語說：「天要下雨、娘要嫁人」，這句話也可以改成「姑娘要嫁人」一樣是攔不住啦！很遺憾我過去碰到的例子鮮少一頭熱便順利嫁給醫生，印象中有一位如願以償，但是不到兩年先生發生外遇，到醫院去找上司、同事討個公道，豈料竟有同事給了一句「怎麼這麼不小心？」咦？不是要譴責嗎？怎麼會變成「不小心」？這傢伙還真以為這是全天下男人都會犯的錯嗎？講到這例子並非說醫生皆非良人，而是婚姻若是一頭過熱，一方基於命運急著進入婚姻，不代表另一方也臣服於安排，強摘的果子通常不會甜。

那又為何這些命理老師都會斷言此為正緣呢？恐怕這也未必。話說戀愛的女孩看得出來，急著要嫁的女生也是寫在臉上的！一般來說，命理老師不大會斬釘截鐵告訴你某年某月某日就會遇到那命中注定的對象，而是推斷某些年度是較為適宜的年份，建議在那年所交往的對象應該不錯，至於到底是哪一年？則依據各命理學的統計和判斷，例如紫微斗數來看某年有吉星落在夫妻宮或遷移宮，或者是由八字來看男生是否有正財、偏財，女生是否帶正官、偏官來判斷，其實命盤一排出來是死的，怎麼解讀是老師們的「功夫」，但往往來求助者擺明了「老娘真的很想要嫁他啦！」，甚少會有命理師會想要死諫的。

前面那些很想要嫁醫師的例子，其中有一位因為同時找到我和另一位我也認識的紫微斗數老師，我們私底下恰巧講到這個案例，都不認為她會在該年順利嫁給心有所屬的對象，只是在委婉答覆後，對方仍不死心追問：「真的嗎？沒算錯吧？可是我們都講好了！可是我們都在準備了！有沒有化解的方法？我真的這次很想要走入婚姻……」最終我們都不敵熱烈的愛意，便說：「努力經營就會有好結果的。」對方喜孜孜地說：「我就知道他就是我的真命天子！」後來旁人見狀便私底下問我：「妳不是說不可能？怎麼又變成可以了？」我也只能無奈地說：「你看那種態勢，那小姐可能等個三天三夜直到說可以後才肯走吧？」

這個案例讓人很難忘記，因為後來也是很戲劇化的轉折，不到兩個月的時間他們便以分手收場，所幸對方並沒有來砸了我或我紫微斗數朋友的攤子，值得慶幸的是，在過了約莫八年之後，這位小姐找到了理想的對象，大家很意外、但我一點都不意外：她先生不是一位醫生。

眾人尋求算命的協助，無非就是想要獲得建議或增加信心，如果心中早已有定見，卻一直要命理師附和，到事後再來嫌命理師不準，實在是太不講理了。其實紫微斗數和八字都是年代久遠的星相術，大家是否曾想過，用數百年前的「相命學」的標準來看今日的人們，是否會有落差？特別是過去屬於農業社會，環境與價值觀的變動非常緩慢，可是在近二十年來，卻進入變動劇烈的商業社會，豈可使用同一眼光？同一套標準？

過去男大當婚、女大當嫁、門當戶對是理所當然，「婚姻」對於古人來說是自然、多數人都會經歷的人生階段，而且多半是透過長輩決定、媒妁之言，自己並沒有太高的自主權，婚姻對於當時的人來說，主要關心的是「功能」，也就是結婚是否對我和我的家庭比較好？因此不論是紫微斗數或八字而言，主要關心的也是婚姻是否對當事人有增或有損？以及可能遭遇的困難，而不是解答哪個時間點就是踏入婚姻的決戰點，也沒有那麼注重此時遇到的某某是否肯定非嫁娶不可，結婚又不是在押賽馬。

所以命理對於婚姻感情的幫助，主要是在「提醒」忙碌的現代人，在那些歲數應當注意姻緣，許多建議結婚的吉數是在你算命當時年齡的那一兩年，此後隔四年左右亦可，而且多半會顯示第一段婚姻很可能會離婚。可是，離婚在二十年前還是家庭革命的大事，當時許多人是在成年後便結婚，在更早之前甚至是十五六歲就當父母者，更是普遍的現象，在古代人力等於是國力，早在周代開始就有法令規定，倘若在十七歲尚未嫁娶者，由官方直接介紹對象結婚❺！這數百年來的命相學，何以在近二十年來，許多婦女的命格被斷定為很可能離婚、婚姻吉數在二十歲末、甚

❺不同朝代有不一樣的年紀規定，鼓勵結婚和生育的立法精神是相同的，男性強制結婚的時間通常比女性多三歲左右。

至三十五歲左右？國家建議婦女適宜的生育年齡是三十四歲，怎麼才這一、二十年，命盤有這麼大的轉變？

結婚的吉數在算命當年與之後的一兩年，乃因前來求助時，已經顯現對婚姻的渴望，爾後吉數相隔約莫四年的前後，則與現代人的工作型態相關：每隔三到五年人們會對現有工作與興趣感到倦怠，開始尋求新的工作環境與嘗試新的興趣，而人們在找對象最好的時機，便是在進入新環境、認識新朋友的那一年左右，不然在同一間辦公室一起工作，能有火花的就會有，除非有特殊事件，不然很少有共事一年以後才突然失火的。因此給予建議在那些年歲注意姻緣，也是配合了人們生活型態，提醒在那些年歲要使自己鼓起勇氣追尋愛情。現代人臉皮薄、信心脆弱，談起愛情沒有十拿九穩就怕自己像花癡，如果對自己有信心，提起勇氣去追尋，愛情會向海浪一樣一波波，不會是這次錯過了就永遠沒有了，天底下的人這麼多，要不要交往或結婚只是肯不肯點頭罷了。

至於命理師所預言的「離婚」，其實也不需要太擔心，甚至為此因噎廢食，為了怕會離婚而恐懼婚姻，「結婚」和「離婚」等是人們設立的婚姻制度，既然是人所設立的，那肯定有可以「喬」的空間，命理師說妳會離婚？那你就跟先生結兩次嘛！在正式辦結婚手續前，商量好前一天上午簽一份結婚證書、下午簽一份離婚證明，不就離過一次婚了嗎？如果擔心會離婚五次，那就簽五份啊！最重要的是不要把「我一定會離婚」這負面的念頭帶進妳的婚姻！

經營婚姻是非常辛苦的，連同個家庭長大又有血緣關係的父母、兄弟姊妹都會吵架了，更何況是兩個陌生的家庭要結合？沒有需要磨合的地方，那應該有一方不是人類！娶神主牌就不會吵架，是吧？因此兩人需要很多的溝通與信任，才能維繫家庭，倘若一方總在心中有離婚的恐懼，稍有衝突就覺得：「看吧！我就知道我會離婚。」對自己的婚姻一開始就沒信心，就像是還沒有比賽就覺得自己會輸，還沒有努力磨合就決定散夥，婚姻自然很快就終結了，因為她本來就這樣設定自己的婚姻會如此。

在我二十五歲左右，姊姊拿了我的八字去問命理師，她說我在當年會被男人拐走，不顧家人反對一定要嫁給對方，我當然是感到非常地荒謬，那時候的我正困擾於是否繼續擔任靈媒，內心的大戰正如火如荼，一點也沒有興趣談戀愛。可是我姊姊卻信誓旦旦說一定會如同命理師所預言，全家撒下天羅地網要「保護我」，每次我出門就要鉅細靡遺盤問行程，任何有可能接觸的男性都是嫌疑人，能阻止我出門就盡量攔住，讓我感到非常困擾且不尊重，我告訴家人我一向很清楚自己在做什麼！可是家人卻說什麼都寧可相信命理師，也不願意相信自己的女兒、妹妹，說是因為閃電結婚的不也先前都沒預料？不也都攔不住嗎？

事實勝於雄辯，一年的預言到期，而且我很厚道地從新曆過年等到農曆過年，我仍然單身而且沒有與任何人交往：不管是男生、女生、男鬼、女鬼！這時候換我講話很大聲，要求姊姊把命理師的地址交出來，老娘要去跟她追討這一年來的不便！這時我姊倒是很有義氣地不曾鬆口，但至少此後很少（但是還是有）拿命理的說法限制我的生活。

這例子也可以從反面來看，請大家不要太為難命理老師啦！如果妳總是當宅男宅女，外表邋遢不整潔，不去認識新朋友、不參加聚餐，就算是算了五十位命理老師都說當年有姻緣，那也是幾乎不可能成功的，如果妳一直待在家裡等待，然後有男性硬要向妳求婚，這情形發生時一般都會報警吧？有部老電影《黃袍加身》，內容說男主角小時候被算命的說有皇帝命，如同趙匡胤黃袍加身受萬人朝拜，父母非常開心酬神，並期待這孩子長大功成名就，可惜男主角長大不得志，甚至淪為遊民，旁人勸他找份基礎的工作慢慢打拚，他卻自認是皇帝命要做大事業，常抱著受眾人崇敬的白日夢而不肯屈就，直到某日有人找他當喪禮的臨時工，擔任臨時師公的他協助念誦法事時，家屬們依禮對他叩拜，此時男主角如夢初醒、萬般感慨，但是青春也早已流逝了。

努力去追尋自己的幸福吧！勇於去嘗試，因為生命只有這一次，姻緣可以求，只是要去追求的是自己，如果算命老師說妳的姻緣十六歲會當媽，這是過去數百年來很常見的適婚年齡，那妳打算要當個學生媽媽，還是要去搭時光機？對於命盤的解讀，請拋開那些負面思考，也避免斷章取義，如果找通靈和算命師不能讓自己的生活更好更快樂，那又何必庸人自擾呢？

索非亞也遇到了「潛力神棍」

常聽說「一時被戀愛沖昏頭」，愛情巨大的力量很難想像，所以創造出許多流傳千古的文學作品，人類的繁衍多少也得靠著「一時衝動」持續創造宇宙繼起之生命！「愛情是盲目的」，什麼時候要來、能待多久都不讓男女可以預測，因此它使人形消影瘦、茶不思飯不想，就因為這股巨大力量與難以捉摸的特性，許多人在渴望愛情或愛情不如意時，會尋求宗教幫助，甚至會找上平常清醒時絕不會碰的小鬼、法術等等，正因為當時的神智被慾望沖昏頭了，不幸遇上居心不良的神棍便藉此騙財騙色，這類的新聞不停地在社會新聞中上演，換了主角的名字卻換不了劇情，更阻止不了這些憾事發生。

以前在宮廟打滾時見過不少形形色色的人，大家各憑本事在江湖上打滾，卸下靈媒的身分後，除了寫書講講過去、提醒大家小心之外，恢復一般身分的我，壓根也沒有想到，自己竟也會遇上「潛力神棍」！（因為他還沒正式當上神棍，但是已經有類似手法，故以「潛力神棍」稱之），天啊，看看這比例有多大啊！台灣人遇到宗教詐財的機率，遠比中頭彩多的多吧？因此我綜合了十項神棍的特徵，希望能減少大家受害的機率，早期發現就不會落入陷阱裡了！

話說剛投身棒球裁判圈時，幾乎是舉目無親，認識的人多半是教練和選手，裁判只有久未聯絡的前職棒裁判算是認識，台北市棒委會站沒幾場主審後，就被調去新店聯盟學習，那裡便遇到了讓我百感交集的一位裁判。說是百感交集不為過，因為他有時候很愛找我麻煩，有時候又想指導我，基本上我是來者不拒，反正隨便他講什麼，賭爛的我就寫部落格罵，有幫助的我就記下來，畢竟當裁判是興趣，不需要把這假日的消遣拿來與他人發生衝突或不愉快。

然而大部分的時間我覺得自己都是在隱忍，只能告訴自己到那裡是學當裁判，不是找人鬥氣的，只是現在回想起來，隱忍還真不是個好主意，對於缺乏現實感的人，有時候不直接說、直接罵，還真的覺得對方無所謂或者是理所當然吧？只是當時我的身分的確有苦衷，畢竟女生擔任裁判並不多，如果太多意見會被視為難搞，又加添棒球裁判圈不接受女性的藉口，道理都知道，但是現實卻總會出現兩難。

「女性」就是第一個陷阱！當時負責排新店裁判班表的裁判，便以「因為妳是女性，我安排妳當裁判壓力很大，所以要先測試實力。」為了這個理由，我必須在週間另外撥時間跟他去球場，一開始算是正常，就演練一些基本動作、練習移補位以及討論案例，幾次之後，變成我花很多時間聽他抒發情緒，還好有手機可以玩小遊戲，不然真不知道怎麼打發他不斷重複講同樣故事的時間，然而等到他開始要幫我在受傷的地方擦藥和按摩時，我就知道事情不對勁了。

神棍特徵一：總是一步一步試探，看看你的底線為何？

例如幫妳看是免費，等你嘗試後化解要一個紅包袋就好，接著又說作法要六百，若無效或遇到更多困難，就會變成一千二、三千六乃至於數千數萬數百萬，不會第一次開口就要大數目，而是在你有點猶豫勉強動心時，慢慢加碼。就像是把一隻青蛙丟進沸水中，青蛙會馬上跳出來逃生，但若是放在冷水裡慢慢加熱，青蛙就不自覺地慢慢在加熱中死亡，有些神棍也是用此道理慢慢洗腦，久了就會有些人上鉤了！

當我發現不對勁，並明白告訴他不願意與他私下見面後，他說：「那我以後沒辦法安排妳當主審。」我也很篤定地回他：「那你就不要排啊。」此地不留娘、自有留娘處，拿這種事情威脅實在太不入流了。之後就出現非常熟悉的說法——他對外聲稱：「索非亞站主審判好壞球是我打暗號告訴她的。」甚至告訴裁判長：「排裁判我們一定要同場，否則若我不在場上，索非亞就不會站裁判了。」另一方面對我則說：「妳剛剛站比賽時，天上不是有片烏雲嗎？是我用念力讓它飄走才讓你能順利執法。」這些離譜的言行倒成了我們幾個年輕裁判在執法之餘的笑話消遣。

神棍特徵二：缺乏現實感，將不相干的因果拉在一起。

或許他真的自認為在我擔任主審執法時有打暗號給我，所以便真的認為這是事實，只要是看過非職業或國際比賽的棒球人一定知道，台灣棒球比賽為了節省經費，往往只安排三位裁判，也就是只有主審、一壘審和三壘審，原本二壘的判決就由三位裁判移位、補位來處理，就算是大聯盟的裁判，有辦法站在一、三壘線邊看見好球帶嗎？所以當有人講出不甚合於邏輯的言論，例如有辦法驅使小鬼讓對方回心轉意、永不變心，上通天庭、下達地府，請多與家人朋友討論這些案例，大家都想跟神明做朋友，但也得看神明要不要買單啊！

過去在開宮廟的期間，我對自己靈媒的身分相當保密，高中同學幾乎都是在我出了第一本《靈界的譯者》後才知悉，念大學時也是只有幾位死黨知道，縱使認識多年的好友也不見得清楚，而不當靈媒後更是不願意再提，直到日後覺得應該為打擊神棍出一份心力，因此開始用匿名在部落格發表文章，所以大部分我的生活過的很平常，平凡到不能夠再平凡了！半工半讀的生活，每天就是上班和念書，周末假日就是棒球活動，平常晚上除了練習空手道就是念書、與朋友相聚，靈媒和靈異世界的總總除了寫在文章之外，幾乎是與我牽扯不上關係。

不過這位裁判老兄，卻曾一副欲言又止的樣子告訴我：「老實告訴妳，其實我是『看得到』的，『上面的』交代我一定要好好照顧妳，不然我為什麼要對妳這麼好？所以我都一直暗中在保護妳，只要妳聽我的，我保證妳在裁判界一定可以升得很快。」真是應驗了一句俗諺：「樹多必有枯枝、人多必有白癡。」真的是第一次有人告訴我這種言論……，當然我還是沒告訴他關於我的過去經驗。

神棍特徵三：許你一個美麗的未來！

他會告訴你只要相信他、遵從他的指示與安排，必然會有甜美的報酬，就算是現在大家反對或不理解也沒關係，那是一種考驗，只要對他有信心，他一定達成你的願望！講好聽話誰會不喜歡？但《道德經》提醒了：「信言不美、美言不信。」當有人不斷對你恭維、許你個美麗的未來時，也是該提高警覺的時候了！

就算平時沒有比賽，他也時常打電話給我，多半的時間都是在聽他講幾乎重複的故事，有時則會詢問我的狀況和事情，但我多半是不予以回應，不回答他就無法繼續追問了。有次他曾當面要求我：「妳要把所有的事情都告訴我。」我問：「為什麼要這樣？」他說：「因為很多人對妳有興趣，大家都會來問我，所以妳要告訴我。」我說：「不必，有人有問題，請直接來問我。」這自然惹得他很不開心，當下垮下臉拂袖而去。有次裁判長問我的職業，我回答有擔任大學老師的助理也有在唸碩士，不料才一轉身這老兄便對我大發脾氣：「以後有人要問妳問題，妳都不要回答，我來回答就好。」我問：「裁判長是問我，為什麼要你來回答？」他說：「因為妳不會回答，我幫妳回答比較好。」

神棍特徵四：強烈控制慾、剝奪對方的自主權。

是否曾聽過朋友親人只是去求個姻緣順遂？結果對象還沒找到、感情尚未復合，便說是陰魂、小鬼纏身，後頭三男五女什麼的，再不處理家中恐有大禍！處理後又是祖先不寧，或者是雙姓、或者是倒房，再不處理就是家破人亡囉！在處理完後又是罪孽深重，冤親債主不處理所以才會人生諸多不順，接著還得換風水、改名字，有些還得換房子、換手機號碼等等，搞到後來連睡覺方向都不能自己決定，凡事沒有問過就不安心。神棍就是要讓你漸漸地被控制，處處得要依賴他幫你做決定，被嚇唬久了、不請示就不心安，人便沒了理智判斷也無自主權，是神棍手中的奴隸兼提款機了。

自從當我發現苗頭不對，便拒絕與他有任何私下獨處的機會，不過我還是發生了疏失，當時他是負責通知裁判班表，也就是通知個別裁判知道何時、何地的執法場次，然而某天他堅持一定要見面，才能講清楚那個比賽的安排，說是要說明一些比賽注意事項等等，我心想我約的地點是在球場，是個公共空間應該無妨，不料還是出事了……，感謝　真主讓我有練空手道，當他碰觸到我的身體時，第一時間我便反擊。事後我嚴正警告：「如果再碰到我的身體，我就把你的手腳打斷。」當妳的立場踩得很硬後，對方的策略也會改變。

接下來，他的說詞是：「妳不知道我幫妳擋掉多少不好的事情，每次妳站裁判我都給妳灌氣，那是『上面的』有交代，不然我才不會對妳這麼好！」、「是『上面的』交代我這樣做，我是為了『祂』不是妳個人，妳這樣不是拒絕我，是在拒絕『上面的』，後果是很不好的喔！」、「妳站裁判能站到這樣，其實我早就知道了，我都在背後幫妳鋪路，只是沒讓妳知道。」

神棍特徵五：聲稱為你做了許多無法印證的恩惠

小從走路跌倒、大到生命有危險，都可以說成是他的功勞，把自己搞得跟守護神差不多，有禍災都是他先前預知到的，調兵遣將、向神求情或用自己的功力或福報幫你化解的，不知感恩就算了，怎麼還有人會拒絕他的安排呢？實在是太不知好歹了！以前當我還在宮廟時，也有人稱說我曾去他的夢中教他禪坐運功，我第一時間的反應是：「媽呀！我還活得好好的就給你托夢啊？拜託讓我多活幾年吧！」

這類似的言論不是只對我說，當我爸爸去球場看我執法時也被他告知類似的言論，也曾與我女子棒球隊的隊友講過，甚至也跟另外兩位女性裁判說過，特別是他也告訴當時還未年滿二十歲的愷玲：「索非亞是我培養出來的，如果妳照我的話做，我也會這樣培養妳。」只是他不知道我們私底下是練球的隊友，所以我們私下都叫他「神一」，一方面是他自認為自己很神，二方面那是「神經病」的簡稱。在現實生活中，當裁判的他對我的羞辱真是不遺餘力，就連他在場上誤判也會罵說是因為有我這個查某人在場，所以導致他會誤判。還有些案例雖不與神鬼完全相關，不過表現出來的行為特徵是類似的。

神棍特徵六：你不會是唯一的受害者

他會亂槍打鳥，反正講一百個，只要有一個中計就好，況且很多受害者因怕曝光被騙覺得丟臉而隱忍。神棍藉著人們對神明的尊敬，往往不敢多所質疑，對宗教的尊敬是好的，但是對自詡為神明代言人的人們毫無質疑的盲從，就會讓心懷不軌的神棍有機可乘，神棍會讓某些信徒覺得自己是特別被揀選的，而信徒間也不會私底下去印證、核對，便沒人會當面去戳破神棍了。

既然他是如此有能耐，所以場上有任何的誤判或爭議，絕對是別人的問題、絕對是有理由的，所以當神棍言之鑿鑿，解決你的問題失效或預測未來失準時，絕對是因為你沒完全照著他的話做，不然就是因緣有變化，再不然就是你的罪孽深重，反正就絕對不會是他的功力問題。當然啦，也有種說法是代你把劫難擋掉，或是上面有交代天機不可洩漏，也或者是他早知道有這個劫數，只是上面有交代不能出手，要給你們考驗。

神棍特徵七：千錯萬錯，絕對不會是他的錯。

人非聖賢孰能無過？但是神棍自詡為神明代言人，是神明在人間的化身，神怎麼會犯錯呢？所以神棍也不會有錯的。記得有場比賽，這位潛力神棍是一壘審，我是三壘審，比賽開始前我看本壘板上面都是紅土，所以便拿了裁判刷刷乾淨，豈料開賽後一個在一壘的判決，還差個至少三步就刺殺出局了，竟然判了個 Safe 的大誤判，通常賽後裁判會開會檢討，沒想到最高輩分的主審還沒開口，一進休息區潛力神棍就指著我的鼻子大罵：「就是妳這個查某碰了壘包，所以我才會誤判的！」我整個怒氣起來大罵：「我刷的是本壘板，主審是有誤判嗎？自己誤判還怪別人！」他就罵得更大聲：「今天有查某人在場上，我就知道我會誤判！都是妳害的！」我自然也不甘示弱吼回去，結果是旁人把我們支開，真是有夠會牽拖的！

然而這傢伙很難擺脫，因為他的工作實在很閒，不像我們為了工作忙得團團轉，他除了站裁判之外就是做點自營生意，沒有固定的上下班，也就有很多時間出現在各大球場還有打電話連絡我們，不接電話的話，下次見面又是破口大罵。曾國藩從政的十大經驗之一便是：「可以得罪忙人，但不可以得罪閒人。」因為閒人有的是時間和功夫找你麻煩，即使做法粗糙但還是很煩人，無怪乎有些人識破神棍也不會想去揭發，多半默默地離開便是，免得得罪神棍之後，他們有的是時間去嚼舌根咒你、煩你，但這也間接助長了神棍持續危害的空間，反正你不吃那一套，他多找一些總會有成功的。

神棍特徵八：沒有固定工作或事業不順，或者神明一定要他當個「修行人」。

所以他們無法工作，不然我們一般人上班加班都來不及了，哪有時間想這些？有些則是正職工作入不敷出，乾脆來「賣功德」、「賣希望」，我友人沛淇過去就有一陣子常被父母抓去樓上的神壇坐，倒不是信仰虔誠、而是敦親睦鄰，因為那對夫妻覺得開廟好賺，但神壇才新開沒有信徒，就商請朋友鄰居時間一到就去捧場，問到都想不到什麼問題好問了？我笑說：「你問乩童明天家裡要煮什麼菜好了？我媽常常會為此煩惱。」

待在球場的時間，除了比賽的時間之外，就是他滔滔不絕的演講，一定會有意、無意地讓你知道他的輝煌事蹟，例如跟某某碰面、認識某某人、又或者是跟哪個大人物很熟，就像他會說自己當初拒絕三商虎不打職棒，當下我好想打手機給黃武雄老師求證，又或者是昨晚幾位職棒裁判們，在打擊練習場想找他唱歌卻被他拒絕了，當下我心裡好想有人可以告訴他：「中華職棒裁判長蘇建文老師❻是我乾爹啊？」但是與中華職棒裁判長的關係我很少掛在嘴上，因為是怕自己經過教導後，裁判還站得很差就糟糕了！我丟臉事小、丟他們的臉事大呀！

神棍特徵九：就是會讓你知道他總是與大人物來往，等級很不一樣。

有些會直接把合照掛滿整片牆，有些則鎮日掛在嘴上。以名人為宣傳不是全然都錯，運用得好是「拋磚引玉」，讓更多人生起信心來修行，但神棍運用起來就不一樣，完全不像是要度化眾人或展現修行功力，倒比較像是電視購物的行銷、夜市中的小販叫賣。其實名人若要求助於通靈人士，多半是怕人知曉的，就怕人家冠上迷信或知道自己的困難，少會有到處宣傳的。

最終也是人們最難過關的手法，如果各種吸引你的手段都沒用時，就是讓你害怕的手段了！當我完全拒絕與他往來後，他不讓我在新店聯盟當裁判，也去鼓吹其他聯盟不要讓我擔任裁判，甚至告訴上級：「索非亞不想當裁判，要回去打球了，所以不必再安排她當裁判了。」另一方面則告訴我：「是『上頭』叫我跟妳說的，如果不聽我的，妳以後就站不成裁判，以後一定會很慘。」、「最後妳還是要回來求我的！」其他恐嚇說法，族繁不及備載……我覺得既好氣又好笑：「有聽過有人因為不能站裁判而悽慘落魄的嗎？」真虧他老兄想得出來！

神棍特徵十：如果不照做或是要脫離，後果會讓妳追悔不及，悽慘落魄、窮途潦倒等等。

曾有個案例是他生了兩個女兒後，很希望能再生個兒子，所以到了某道場請「老師」幫忙，過程中做了很多法事：念經、燒金紙、買水晶佛珠、犒軍、普渡、拜斗……，也為老師仔細服侍，當司機、清潔工等等，妻子果然順利懷孕，不過生的是個小公主，「老師」勉勵他不要灰心，是他自己的業障太重了，不是「老師」不幫忙！於是他更加努力燒、更加努力念、更加努力拜，後來妻子懷了個雙胞胎，而兩位也都是小公主。

突然間他突然想到：「我到底在做什麼啊？」太太要照顧三個女兒，全家只靠他一份薪水，生活已經很拮据了，擠出來的紙鈔還得跟「老師」換成金紙燒掉，或

❻蘇建文老師：職棒三年開始投入職棒裁判工作，目前已擔任裁判二十六年，是中華職棒史上執法最多場次的裁判。二〇一七年成為台灣第二位受美國大聯盟邀請，支援經典賽賽事的中職裁判。

是換成佛珠或水晶，現在是五個寶貝要照顧了，生活更是要勒緊褲帶了，為了求得一子，反而苦了全家！所幸他及時剎車，馬上退出該團體，努力打拚為全家。這時候道場「老師」卻勃然大怒，說他背叛「老師」就是背叛神明，下場一定非常悽慘，大難就要臨頭了！還讓所有信徒見到他時便加以「規勸」，說規勸是好聽，其實就是恐嚇，一群人聚在一起咒罵叛徒，希望早日有可怕的報應，真難想像那是個所謂的「修行道場」啊！

被說以後會很悽慘肯定是很難受的，因為正常人根本無法想像怎麼會有人敢說出：「順我者昌、逆我者亡。」這種言論，只是恰好對於神壇所謂的鬼神，我實在害怕不起來，不然許多人光聽到「我看得到」、「上面的說」就會被嚇得失去部分判斷力。我之所以要寫出自己的故事與無形世界的觀察，就是深感許多人害怕無形不是因為做了虧心事，只是單純因為不了解而害怕，所以當有部分了解時，恐懼便自然解除，神棍要使人上鉤自然困難度也提高了。

確實我有一年多的時間不能再到新店聯盟執法，那段期間在其他聯盟也幾乎都沒有執法的機會，於是我便到小學少棒隊去當義工，這些少棒隊教練包含日僑學校的中谷教練，不分國籍可都對我展開熱情的雙手呢！我站裁判還是玩得不亦樂乎！之後受中華棒協聘用我擔任紐約洋基隊來台訓練青棒選手時的翻譯，因此獲得洋基隊贊助我裁判護具的大禮，正因為這層關係而認識了 All Star 護具製造商通德興業公司的陳前芳董事長的照顧支持、贊助我一輩子的裁判護具，另外也受到中華棒協廖文靖裁判長的提攜，去香港擔任國際女子棒球邀請賽的裁判，此後又一路延伸，自己隻身去澳洲的全國賽中執法，爾後再受中華棒協指派到委內瑞拉的世界盃女子棒球賽執法，成為台灣首位國際棒總的國際棒球女性裁判，半年後又受到通德陳前芳董事長的全額贊助，到美國佛羅里達州 Jim Evans 職業裁判學校受訓，順利取得美國職業裁判的資格，先前擔任裁判只覺得能存活下去就好，豈知能夠在這麼短的時間內就完成夢想：成為國際裁判、完成美國職業裁判訓練！謝謝這些貴人的幫忙，讓我有好多故事可以跟我孫子說：「妳知不知道恁祖媽以前當裁判……」。

後來我在陽明山盃三級棒球邀請賽，正好又與這位潛力神棍裁判同場執法，記得他最後一次跟我說話的內容是：「其實我以前對妳這樣是叫做『激將法』，都是我精心的安排，妳才能有這樣的成就。」我狠狠瞪了他一眼，他就馬上離開我的視線，從此之後他就沒再跟我說過話，自然也不再聽聞什麼落魄悽慘的恐嚇。我想，他應該會比較害怕我會說出什麼吧？例如：他的名字？

「多行不義必自斃」，總有一日他會嘗到惡果的。雖然他還不是把鬼神掛在嘴邊並行一己之利的神棍，不過我覺得有些特徵是類似的，不完全像神棍也有可能是他的神鬼之說在我身上一點發揮的餘地都沒有，所以也就不再跟我多提，反之如果我吃這套，他就會以此把我吃死。

因此，神棍或許一開始不是神棍，在有利可圖又有人上鉤之下，一點一點地就陷進去了，當然了，我們絕大部分人都不會去當神棍，但是我們還是有了解與預防的責任，讓神棍在我們的社會中不要那麼容易得逞，因為受害者可能是我們一時脆弱的親人或好友：「打擊神棍，人人有責！」

索菲亞紙上會客室

Q：拜月下老人據說可以找到好男人，真的嗎？

A：大家應該都知道保生大帝是保佑身體健康的，但是從來沒有人因為拜保生大帝而不生病，很多人也都知道五路財神是保佑財源廣進的，但是也未曾從此改變貧富不均，不少人也都知道註生娘娘是讓信徒求子和守護孕婦的，然而現在還有許多人苦於無法為人父母。廟不斷地蓋，健保支出也不斷增加，試管嬰兒則是在一九七八年在英國出生，所以大家也都知道拜月下老人可以求姻緣，但是鼓勵結婚和生育的內政部，目前還不打算頒獎給月下老人，以表彰他的貢獻。

月下老人的由來是唐朝的小說《唐人傳奇》當中的一篇〈定婚店〉，那唐代之前的人拜什麼？「鍊石補天，捏土造人，別男女，通婚姻」的女媧是大家最好的選擇！不過古人的社會單純，社會關係相較於現在單純許多，婚姻沒有太多自由選擇也就沒有這方便的拜神需求，就像是現在大家拜財神的比例多於灶神，都是反映著人們的精神寄託，有聽過有效的神奇案例、無效的則可能解釋為時機未到或不夠誠心，反正又沒有人對神明做績效評估，是否有效果都在各人的心中。

有人曾把人生形容為打撲克牌，婚姻感情其實這樣形容也挺貼切的：「拿到的牌有好有壞，端看自己怎麼打出漂亮的牌局！」不少「好男人」是被女人們寵壞的，我曾見不少年長的女性朋友，交往的對象都挺好的，結婚時也是男才女貌，不過進入婚姻就開始在生活上產生摩擦，對彼此工作、家庭態度和子女教養也有了歧見，更多的是因為對彼此夫妻角色的太理所當然，交往時對方穿了不一樣的衣服或說話口氣稍稍不同，就會感到很敏感，結婚後可能連著幾天都不能專心聊天，原先不菸不酒不賭輕聲細語的「好男人」，根本不知何時開始大小聲還菸酒不離身？除了抱怨對方怎麼婚後就變了？是否也曾想過自己也是帶壞男人的幫凶？就算有福報能遇到好男人有什麼用？得要好好維護好品質甚至攜手往前走才重要。

我有不少男性友人都優質得很，但對於「找到好女人」也十分煩惱挫折，首次見面對方即直言：「等你考上日本留學再考慮交往吧！」、「等你考上公職後再說！」也有些人因為沒有房產就幾乎被宣告在這求偶戰場上提前出局，甚至是根本不符資格！只能說有些女孩真是「聰明」又「誠實」，找個「好男人」可以少吃不少苦，事先講明了也能節省彼此的時間，只是如同友人所言：「如果我有車有房有學歷、加上年薪百萬起跳，也不用坐在那裡被她污辱了？」。男人有時候也挺弱勢的，功成名就後便拋妻棄子被唾罵是現代陳世美，女孩子的眼光比自己身高還高、不想胼手胝足打拚卻只想坐享其成，又要被稱做什麼？如果妳是為了對方的好條件而交往，那也別哀怨對方找到更好條件的便離妳而去。

「好男人」的定義與標準是什麼？家財萬貫？有車有房？高薪職業？體貼包容？成熟溫柔？還是父母雙亡？這些都是描述男人的條件，或是感受到的某個時刻或事件時的狀態，所以所謂「找到好男人」不過是描述妳認定他是「好男人」的那一刻，就像是妳遛狗出去時，有人會稱讚狗狗好可愛、好聰明，那條好狗不過是在那一刻是條好狗，大部分教養時間的甘苦談，也只有自己冷暖在心頭。除了花精力求個基本盤就不錯的好男人，更要花心思維護，事實上我認為維護比尋找更重要，教比生更重要！拿到什麼牌是命運，打出什麼牌是操之於我，好男人也可以DIY養成的啊！

第二章

不同宗教的婚姻觀

過去接觸到來求助於婚姻和愛情的案例中，坦白說我缺乏了同理心的理解，甚至連同情心都沒有，畢竟以我那時候的歲數，所經驗過的婚姻不過就是我的媽媽、姊姊與那些家族、鄰里的經驗故事，所理解的愛情最多也不過是瓊瑤的青青河邊草，而我本身自幼就被棒球吸引，一有空閒不是找同伴打球，就是觀賞棒球比賽，能去現場就去球場，不能就是看電視轉播，甚至聽廣播也好，其他的電視連續劇還真的沒什麼印象。

外在環境也不鼓勵我有男女私情，由於天生有靈視的狀況服務於鄉里，人們總覺得這樣的孩子是「被選擇的」、「帶天命的」，因此應當保持清淨修行之身，這說法看似是為我好，但我卻覺得或多或少帶有私心，反正別人家的孩子死不完，索非亞嫁不出去關我啥事？通靈會準就好。

隨著年紀的增長，看到身邊朋友一個個開始為情所苦，我仍然對愛情沒有什麼憧憬，那時候白天上班、晚上打理宮廟，別說找男朋友了，連自己的同學都沒時間相處，稍有空閒就得寫功課和念書，睡飽甚至是奢求，打坐時就連看見光芒萬丈、神明開示，我都能視若無睹、毫不動心，倒不是功力深厚而只是很想睡覺，還記得念高中時最寂寞的時間就是午休，看到同學們都趴著睡午覺，我卻只能趕緊準備功課與考試，記得有次地理老師稱讚我這科成績維持得很好，一旁的同學賴美君竟舉手當著全班同學說：「我可以證明她很用功，因為每次午睡她都是在念書、寫參考書！」我謝謝她的稱讚，但是卻感到很辛酸。

念大學時就算開始跟同學出去玩，就不用每天晚上去宮廟了，可是一接到手機還是得出任務，所以不要說交男朋友，我這些大學死黨不要拋棄我就偷笑了！我姊姊的兒子小時候住在我家，我陪伴了這兩兄弟的童年，不知道他們是否快樂？但他們卻帶給我最甜美的記憶，讓我實在非常喜愛小孩，隨著兩兄弟念國中搬回父母家時，我開始很希望能擁有自己的家庭、有自己的孩子，而很用心陪伴與教育他們的過程，讓我對自己很有信心能當個好媽媽！這時我才猛然發現：我準備好各項當媽媽的準備，卻忘記找對象了！

在無性生殖這十年間科技尚未突破而普及時，我發現自己要當媽媽得要先組織家庭，組織家庭前則要先找到伴侶，在取得伴侶同意之前則要先與他交往，在更往前推則是要先認識嘛！為了堅守這些程序正義，我想成為媽媽之前就得要先組織家庭，這與我過去二十年來的生命經驗卻是衝突的，得要一直問自己：通靈者可以結婚嗎？修行人可以交男女朋友嗎？看到鬼可以當媽媽嗎？我甚至會亂想萬一我的孩子也會看到無形眾生怎麼辦？

於是我開始去探討宗教中的婚姻觀，看看不同宗教對於「婚姻」有什麼主張，難道會限制信仰者有婚姻嗎？還是對信仰者的婚姻有什麼建議？

一、佛教：平等對待的婚姻觀

一般對佛教修行者的印象，就是出家人的形象，就佛教的人口比例來說，居士的比例當然是遠遠超過出家人，畢竟要全心奉獻給宗教除了個人的發願外，也要有現實環境的配合，並非每個佛教徒都有因緣可以出家，也未必都適合成為出家人，而未出家的居士們就算沒有成家，至少也會有原生家庭，佛教稱人們是「有情眾生」是很貼切的，凡是人總得經歷七情六慾的種種，沒什麼好或者不好，生命的過程就是受報的過程，都是自己造出來的。

而佛陀也是佛教徒最好的典範，他不也是當了爸爸之後成佛的嗎？因此佛教不抗拒有情感，更不否定組織家庭，不然所有的人都出家了，那麼人類不就滅絕了？過去聽聖嚴法師對於夫妻方面的開示，鼓勵弟子應視另一半和家人為自己的菩薩，是來幫助自己消業障、重福報、長智慧的，倘若能有這樣的修養，家庭豈有不幸福美滿之理？而就佛經裡面，也記載了夫妻之間的相處原則：

先生對妻子：

《佛說尸伽羅越六方禮經》：「一者出入當敬於婦。二者飯食之。以時節衣被。三者當給與金銀珠璣。四者家中所有多少。悉用付之。五者不得於外邪畜傳御。」❼

《佛說善生子經》：「是以夫當以五事正敬正養正安其婦。何謂正心敬之。不恨其意。不有他情。時與衣食。時與寶飾。」❽

妻子對先生：

《佛說尸伽羅越六方禮經》：「一者夫從外來。當起迎之。二者夫出不在。當炊蒸掃除待之。三者不得有婬心於外夫。罵言不得還罵作色。四者當用夫教誡。所有什物不得藏匿。五者夫休息蓋藏乃得臥。」❾

《佛說善生子經》：「婦又當以十四事事於夫。何謂十四。善作為。善為成。受付審。晨起。夜息。事必學。閫門待君子。君子歸問訊。辭氣和。言語順。正几席。潔飲食。念布施。供養夫。是為西方二分所欲者。得古聖制法夫婦之宜。士夫望益。而善法不衰。」❿

簡言之，夫妻相處除了丈夫應負起家庭責任之外，也當敬重、善待妻子，妻子也該敬重、照顧先生和家庭，對己是謹守本分，心意則看重對方的立場，以家庭整體為重，而非以個人喜惡和立場為出發點。

我覺得佛教徒稱自己的丈夫或妻子為「同修」非常的貼切，兩人相處當視彼此為一同修行精進的夥伴，而非台灣人常掛在嘴邊的「夫妻是相欠債」，試問你對欠

---

❼一、不論是出門在外或者居家在內都應該尊敬妻子；二、供養妻子一年四季的衣食保暖所需；三、應當送妻子金銀珠寶等等裝飾物品；四、家中所有的財物都應該讓妻子自由使用，並且委由她管理；五、不可以在外養小三或嫖妓。

❽應以端正的心態尊敬妻子，不厭惡妻子對自己的心意，不另有他情外遇，時時給予衣食所需以及珠寶飾物。

❾一、先生從外回來時，應當起身迎接；二、丈夫不在家時應該準備飯菜、打掃家內；三、不應該對先生之外的男人外遇或精神上外遇，當先生開罵發怒時也不要惡言相向頂嘴；四、聽進去先生的教導和勸戒，不私藏家中的財物；五、等到先生休息，家裡處理妥當後再去睡。

❿好太太的十四項守則分別是要好好持家、做家事，努力圓滿達成各項事務，各種委任的財物事項都謹慎處理，早起晚睡、學習各種事務、關上門等先生回家；先生回來時要噓寒問暖、溫柔相待，說話的語氣要柔和，語言要柔順，餐點要清潔整齊，長存布施之心，好的衣物飯食要留給先生。

債人會是什麼嘴臉？對另一半好覺得是自己欠他、或者視對方的付出是上輩子欠你的，這樣的互動健康嗎？人又不是機器，很多時候不需要言語，只消眼神態度就知道對方的心意，若抱持相欠債的想法，另一半自然會成為冤親債主，這是何苦呢？何不當作攜手同修的生命夥伴，你的心意，另一半肯定會知道的！

二、道教：信貞相愛的婚姻觀

道教在中國有兩千年的傳統，而且派別各異，難有統論，不過就其內涵而言，講求天人和諧的道教，多數派別對於婚姻也是持正面肯定的態度⓫，崇尚自然一項是道教的核心價值，而人類的繁衍也是順應自然的表現之一。

《太平經》：天統陰陽，當見傳，不得中斷天地之統也，傳之當象天地。一陰一陽，故天使其有一男一女，色相好，然後能生也。何迺正使一陰一陽？夫陽極者能生陰，陰極者能生陽，此兩者相傳，比若寒盡反熱，熱盡反寒，自然之術也。故能長相生也，世世不絕天地統也。如男女不相得，便絕無後世。天下無人，何有夫婦、父子、君臣、師弟子乎？以何相生而相治哉？……故陰陽者，傳天地統，使無窮極也。……飲食陰陽不可絕，絕之天下無人，不可治也。

《太平經》：氣者，乃言天氣悅喜下生，地氣順喜上養；氣之法行於天下地上，陰陽相得，交而為和，與中和氣三合，共養凡物，三氣相愛相通，無復有愛者。……男女相通，並力同心共生子。三人相通，并力同心，共治一家。君臣民相通，并力同心，共成一國。此皆本之元氣自然天地授命。凡事悉皆三相通，迺道可成也。

第一段文字可知，道教認為天地間的萬物是由陰陽相結合而成，男陽女陰的相互和諧才能延續生命，使天下有夫婦、父子、君臣等的關係；第二段文字則進一步點到了，家庭的經營維繫必須以愛相通，從家庭到國家都是需要齊心協力經營，才稱為順應天道。雖然全真派不鼓勵修道人組織家庭，不過也承認並非所有人都適合

⓫全真道主張出世修行，離開世俗家庭、愛情等。

出世獨身修行，因此就道教最重要經典之一的《太平經》所示，是鼓勵人們組織家庭、用愛經營家庭的。

至於家庭經營的原則，在《老君說一百八十戒》有部分戒律相關：

第一戒，不得多畜僕妾。

第十三戒，不得以藥落去子。

第八十戒，不得淫泆佗婦，別離夫妻。

要信徒不可過多僕妾、不可墮胎、邪淫等等，不過多半是規範道教徒的日常生活言行，而非夫妻間相處之道，早年的另一重要經典《正一法文天師教戒科經》則提及家庭倫理：

戶戶自化以忠孝，父慈子孝，夫信婦貞，兄敬弟順，朝暮清淨，斷絕貪心，棄利去欲，改更惡腸，憐貧愛老。好施出讓，除去淫妬，喜怒情念，常和同腹目，助國壯命，棄往日之惡，從今日之善行，灾消無病，得為後世種民。

這些觀念則接近於傳統儒家思想，除了我們熟悉的傳統價值之外，應當行善寡欲，也當多行善、少慾望，使自己成為更好的人。與佛教的婚姻價值觀有些相近：

婚姻是人生階段自然經歷的過程，經營婚姻與家庭也是修行的一部分。道教雖然在魏晉南北朝時期發展出極高的哲學成就，可惜在民間流傳，常有江湖術士以神鬼之說、仙丹符籙誆騙百姓，即使有力圖振興者，但仍難抵普遍迷信、但求神效的百姓，至今仍有許多人在感情與婚姻遭遇困難時，求助於道教神祇的法術、寶物，實在是以宗教之名、行個人慾望之實，與道教本身提倡的「修行」大相逕庭，道教不是宗教信仰，而淪為工具。

這樣的價值觀套用在自己的婚姻上，不也是當自己的婚姻伴侶和婚姻本身為工具嗎？尚有利用價值時歡歡喜喜，沒有好處時便互相埋怨，生老病死是做人不可避免的，如此在婚姻的過程中，除非對方能不斷地滿足你，給你的好處能超過病老死和各項煩惱的苦，不然這「工具」總有讓你不滿的一天。然而這並不是婚姻的錯、對方的錯，而是自己認定婚姻本質的觀念，導致必然痛苦的結果，人生的方向盤在自己手上，轉個念來修正方向吧，別總往死胡同鑽！

三、基督教：聖潔尊重的婚姻觀

耶和華神說，那人獨居不好，我要為他創造一個配偶幫助他。……人要離開父母，與妻子連合，二人成為一體。（創世紀2：18－24）

根據《聖經》上述篇章的紀載，上帝覺得人類獨居不好，所以就從人類始祖亞當的身上抽出一根肋骨，創造了配偶夏娃，也成為人類婚姻的開始，此後人要離開父母，與妻子共組家庭。儘管《舊約聖經》一些人物是納妾的，不過基於《新約聖經》中，耶穌明確指出上帝創造人的時候是「一男一女」，而且使「二人成為一體」，所以基督教堅持一夫一妻制，隨著基督徒的影響力擴展，也成為今日世人普遍同意的婚姻制度。

由於耶穌在世時曾經參加並且祝福婚禮，所以教會也一直有為基督徒舉行婚禮的傳統，新婚夫婦會在上帝、牧師與教友們的見證下，向彼此許下承諾，此後不論遭遇任何困難都要信守婚姻，彼此忠誠直到終生，可見得基督徒是非常注重婚姻，而且在上帝的殿堂做這樣的許諾，顯示婚姻不只是兩個人的事情，更具有信仰上的神聖性，這對於婚姻的穩定性相當重要，當你認為婚姻是重要、神聖的，便不會草率如兒戲的隨性看待。

> 妳們做妻子的，當順從自己的丈夫，如同順服主，因為丈夫是妻子的頭，如同基督是教會的頭，他又是教會全體的救主。教會怎樣順服基督，妻子也要怎樣凡事順服丈夫。你們做丈夫的要愛你們的妻子，正如基督愛教會，為教會捨己。……丈夫也當照樣愛妻子，如同愛自己的身子，總是保養顧惜，正像基督待教會一樣，因我們是他身上的肢體。……然而你們各人都當愛妻子，如同愛自己一樣，妻子也當敬重他的丈夫。（以弗所書5：22-23）

基督教將夫妻關係比擬為基督與教會的關係，同時也再次呼應了婚姻的神聖性之外，也說明夫妻相處之道，倘若就字面上解釋，自然會有人解釋為男尊女卑，可是如果宗教信仰是由「字面上」來解釋，那麼原本應該是淨化人心、提升靈魂的宗教，就會被人們操作得離仇恨、戰爭不遠了！畢竟任何以文字呈現，就會產生不同解讀，此外，宗教經典都是由男性書寫，甚至是由男性來詮釋，甚至可以說是少部分「識字受教育的貴族男性」的專利，因此全然由字面上來詮釋宗教，我認為是很不妥的，宗教是關乎「靈魂」之事，能否就用靈性的層次去體會呢？

基督教將夫妻關係提升到信仰層次，也以基督和教會關係比喻，而基督最核心的價值即是「愛」，除了本身是愛之外，也要求信仰者應當實現愛的生活，而人與人之間最基礎的關係——「家庭」，自然必須是以「愛」為最高原則，並擴及各項人倫關係。此外，基督教的教義中，男女同時有被救贖的機會，同樣是上帝的被造物，何來高低貴賤之分？因此延伸到夫妻相處，相愛的兩方當是互相扶持相伴，豈可以片面文字做為壓迫另一方的說詞？

四、伊斯蘭教（回教）：敬主互愛的婚姻觀

祂（真主）從你們的同類中為你們創造配偶，以便你們依戀她們，並且使你們互相愛悅，互相憐憫。對於能思維的民眾，此中確有許多跡象。（古蘭經30：21）

男人和女人應當是一個整體的各一半。（阿布・達伍德聖訓集）

伊斯蘭教主張除了有生理缺陷或確實無婚嫁能力者之外，男女皆應當結婚⓬，《古蘭經》對於結婚的對象、條件、原則等都有規定，甚至於離婚也包含在內。結婚是男女雙方當事人之間的契約，必須獲得男女雙方本人的自願同意，家長或監護人不可以強迫或私下決定，這與新聞媒體常播送哪個可憐的女孩子，被父兄強迫嫁給素未謀面老頭子的悲慘故事大不相同吧？所謂的榮譽謀殺⓭或以父長權威強嫁女性，多是假藉伊斯蘭之名、出自於部落陋習，因為新聞是記者寫的，而記者未必具有宗教知識，當有混蛋假宗教之名強迫婚姻，記者只聞故事、不加以查證註解，便會助長一般大眾對伊斯蘭教的偏見。

⓬伊斯蘭教法中稱作「瓦紀卜」（واجب），意思為「當然」。

⓭榮譽謀殺是指兇手謀殺家庭成員以達到挽回家族榮譽的目的，受害者幾乎都是女性，被殺害的原因主要是「失貞」和「不檢點」，常見的情況有被強姦，被懷疑通姦，打扮時髦舉止輕浮，拒絕被指定的婚姻，想要離婚等，除此之外也有一些更極端的情況。兇手多是為幾個人，絕大多數為男性，多和受害者有較近的血緣關係。古老或極端傳統的華人社會也有類似榮譽謀殺的行為，稱為祭家法、洗門風。（摘自網路維基百科）

先知穆罕默德說：「男人們向女子求婚的原因可能有四種：『家世、美貌、財產和信仰。應當以信仰為選擇的目標，那麼，你們就擁有了真正的財富。』」（布哈里聖訓集》）

倘若對婚配的條件是看上對方的家世背景、美貌或財產，當這些條件隨著時間有所更替時，是否維繫婚姻的理由也消失了呢？因此伊斯蘭教鼓勵以對方的信仰人品為選擇的主要條件。婚禮則在公開的場合舉辦，通常為宗教領袖或德高望重者擔任主婚人，並有兩位成年人當證婚人，通常未來婚姻有磨擦時，便由主婚人、證婚人等等幫忙調停。男方應當給女方聘儀⑭做為信物，至於價值多寡則端看男方的經濟能力，女方可以選擇不接受或是接受，接受時也代表著接受求婚，日後這聘儀全歸女方所有，男方或女方親友等任何人皆不可支配。

在一些伊斯蘭國家，結婚合約中除了會寫清結婚的聘禮之外，也會清楚載明離婚條件和贍養費，通常贍養費會協定得較高，讓丈夫不可輕易離棄太太，至於很多男人有興趣的「一夫多妻制」，實際上也與一般大眾刻板印象有所不同：

如果你們恐怕不能公平對待孤兒，那麼，你們可以擇娶你們愛悅的女人，各娶

兩妻、三妻、四妻；如果你們恐怕不能公平地待遇她們，那麼，你們只可以各娶一妻。（古蘭經4：3）

聞前後文即可知，伊斯蘭教並非無限制的一夫多妻制，而是至多四妻的「限妻制」，最重要的其前提是「如果你們恐怕不能公平對待孤兒」，意即取一妻以上者的目的為照顧孤兒寡母⓯，而且若「恐怕不能公平地對待每個妻子」，那麼便只能娶一妻，這是在戰爭後，社會上有許多孤兒寡母的背景下，所降示的經文。不過這制度落在男人手裡卻走了樣，有財富者甚至不停娶妻離婚，只要在同時間形式上維持四位妻子便不違法，畢竟法律只能管到人的行為，而無法評斷思想，然而，有信仰者可別忘記，終有一日我們都必須面對自己的所言所行，報應絲毫不差。

通常在結婚之前除了協議結婚的條件之外，也會談及離婚的條件，其中一項便

⓮聘儀可以是金錢、物品、知識或任何有形或無形的價值之物。

⓯伊斯蘭教規定，即使照顧孤兒寡母也應嚴守男女分際，不可以照顧之名與沒有婚約的女性有所曖昧，而娶進的婦女若已有孩子，則丈夫對待這些收養的孩子應視如己出，財產分配也應與自己的親生子女相同，不可有差異。

是關於是否同意丈夫婚後再娶？有些是會限定若妻子無法生育、染病無法履行妻子角色而允許丈夫再娶，而再娶的妻子並無所謂大小之分，都必須公平對待，例如購買車子、衣服、甚至陪伴的時間都必須均等，同時也代表著丈夫不可以因妻子不可生育、重病、無法履行同居義務等理由而拋棄妻子。當不堪相處時，妻子也有權提出離婚[16]。

她們是你們的衣服，你們是她們的衣服。（古蘭經2：87）

你們當善待她們。如果你們厭惡她們，（那麼，你們應當忍受她們），因為，或許你們厭惡一件事，而真主在那件事中安置下許多福利。」（古蘭經4：19）

先知穆罕默德說：「最優秀的信士，表現在他的行為上；而你們中最優秀者，是善待妻子者。」（提爾密濟聖訓集）

伊斯蘭教規定丈夫應善待妻子，妻子應順服丈夫，夫妻相處總是有摩擦，但是應當要互相忍耐包容，穆罕默德亦言：「只有高尚的人才能尊重女人。只有卑鄙下賤的人才看不起女人。」尊重妻子便是對她和顏悅色，不惡言粗暴，海德之子穆阿威耶的傳述：我請教穆聖說：「主的使者啊！我們對自己的妻子應盡的義務是什麼？」穆聖說：「你和她同吃、同穿、不打其臉、不說傷感情的話，不要把她孤伶伶一人丟在家中。」⑰倘若婚姻走不下去，也不可為了折磨妻子而不同意離婚⑱，不可將過去給過的財物要求取回⑲。

很不幸的是，談到伊斯蘭社會，便會與封閉、落後、壓迫女權等產生聯想，這說法可說不對也可以說對，近代傑出穆斯林女性有二〇〇三年的諾貝爾和平獎得主希林・伊巴迪（Shirin Ebadi），她是伊朗律師並致力於爭取婦女與兒童的權益，

---

⑯《古蘭經》第2章第229節：「如果你們恐怕他們不能遵守真主的法度，那麼，她以財產贖身，對於她們倆是毫無罪過的。」此外在穆罕默德時代，曾發生有一女子向穆罕默德說，她的丈夫雖然是個好人，也能善待她，但是她還是很討厭她先生，無法再一起生活了，於是穆罕默德便讓該女子歸還丈夫送給她當聘儀的花園，做為離婚的條件。

⑰引述自《伊斯蘭的婚姻制度》中譯本，第122頁，（As-Sayyid Saabiq 原著）

⑱《古蘭經》第2章第231節：「當你們休妻，而她們待婚滿期的時候，你們當以善意挽留她們，或以優禮解放她們；不要為妨害她們而加以挽留，以便你們侵害她們。誰做了這件事，誰卻已自欺了。」

⑲《古蘭經》第2章第229節：「休妻是兩次，此後應當以善意挽留（她們），或以優禮解放（她們）。你們已經給過她們財產，絲毫不得取回，除非夫妻兩人恐怕不能遵守真主的法度。」

還有二〇一一年的和平獎得主之一卡曼（Tawajjul Karman），育有三名子女的她，長期以來為人權奮鬥，並且是這波「阿拉伯之春」的重要領袖，被視為葉門的「革命之母」。

許多穆斯林婦女享有法律與宗教的保障，但同時間也有許多婦女受到假藉宗教之名的迫害，只要婦女無法接受教育，必須透過男性決定宗教是什麼，那麼兩性的尊重、平等是遙不可及的。穆斯林怎能以一句「這不是伊斯蘭」就撇清？同處於一個地球，身為女性、生而為人的我們，難道也毫無關係嗎？盼望宗教是讓我們提升，而非彼此的憎恨、壓迫。

宗教信仰是婚姻的良藥？

婚姻是人類社會中非常古老的社會制度，長久以來婚姻制度維繫著社會的延續與發展，是家庭、社會與國家的穩定因素，宗教文化則又是扮演穩定婚姻的因素，然而，近代婚姻反倒成了眾多「社會問題」的其中之一，其中很重要的原因在於過去的婚姻強調其發揮「家庭的功能」，例如生育、保護和照顧、經濟、社會地位和感情等等，夫妻相處除了感情之外，也強調對彼此的義務；反觀今日，有多少人結婚是因為看到「增產報國」的標語而激起對國家社會民族的情操而結婚？

近代的社會不若從前，家庭的功能雖無法被取代，但也不若從前重要，男男女女就算不願繁衍後代，也不會被抓去強制配對，個人的意願普遍被尊重，家庭、社會的期待帶來的壓力不再那麼巨大，「結婚」可以由自己決定，「離婚」也不像過去那樣困難重重、備受歧視，離婚率自然而然便提高了，可惜的是，現代的人們有這麼多的自由，卻未必有更多的快樂，「婚姻」過去是社會穩定的因素，同時也是人們安全感的來源，當婚姻對彼此的約束不那麼巨大時，也宣告婚姻不再是提供安全感的保證，所以過去有人說「成家立業」，婚姻家庭穩定了就可以全力衝事業，今日可未必如此，「個性不合」、「沒感覺」都可以是離婚的正當理由，享有個人自由的人們，同時也必須犧牲一些安全感。

不知道是否受到文學作品和電視劇的影響？抑或是有其他因素？「愛情」理所

當然成為結婚的重要且必備因素，當然前述所言的各個宗教，也是鼓勵夫妻應該互相意愛，愛情當然是兩人結合的重要因素，然而「愛情」實在是千古之謎，來的時候排山倒海，能量宛若核子彈爆發，人類的生殖繁衍多少也得仰賴這份原始的衝動，去的時候無聲無息，就像不曾發生也不曾造訪，曾聽過很多人問我：「幫我看看，當初會跟她（他）結婚，是不是被放符還是卡到陰？」有時候一方認為當初是自己卡陰、被下符才結婚，另一方則認定現在離意甚堅的對方才正卡到陰呢！

結婚不只是兩個人情投意合即可圓滿，常有說結婚是兩個家庭的事情，因此需要有很多的考量，避免一時的衝動而造成悔恨，然而想太多卻往往會結不成婚，因此也常有人說結婚是需要衝動的，而熾熱的愛情便是這股衝動最強大的動力，然而日常生活柴米油鹽醬醋茶的現實卻不斷的考驗抽象的愛情，愛情強大的爆發力也會有被消磨掉的時候，況且婚姻是兩個人的互動，不是單方面很努力就有成績的，兩人的關係如逆水行舟，不好好經營就會衰退，婚姻是愛情的墳墓，既然愛情的消退「指日可待」，難道愛情消退之時，就要宣告結束婚姻了嗎？

隨意任性的看待婚姻是萬萬不可，就算自以為無所謂，也可能會傷害到對方、雙方家庭，甚至對子女造成永遠的傷害，那為什麼古人就能維繫住婚姻啊？宗教與文化產生很巨大的影響力，而各個宗教諄諄教誨夫妻應該相愛，這裡的相愛除了愛情之外，也包含了親人的愛與宗教上的愛，丈夫與妻子間除了愛情之外，還有著如同血緣關係家人的親人之愛，甚至於視自己的配偶為心靈上的伴侶，能一起修行、成就信仰，婚姻中的好壞成為修行的道場，婚姻中的努力經營是為了自己、為了對方、為了家庭、更是為了神，當婚姻提升到這個層次時，自然不會為了一時情緒或物質的分別心而輕易提離婚了。

應該沒有人會一開始結婚就看衰自己的婚姻吧？即使是被愛沖昏了頭，當下的甜甜蜜蜜也希望能長遠到永久，雖然愛情可能會有保存期限，生活的現實也很殘忍，倘若夫妻之間的相愛，能夠除了愛情之外，將夫妻的相愛互敬涵養出親人之愛，乃至於提升至心靈、修行的層次，那麼婚姻又何來煩惱呢？因此夫妻能有相同的宗教信仰是很好的，不管是哪一種信仰都好，宗教信仰給我們最好的生活指引與精神食糧，若我們能以智慧善用與體會，幸福與平安便不愁有用完的時候。

宗教信仰是婚姻的毒藥？

宗教信仰可以帶給婚姻穩定的力量，然而這「穩定婚姻」的力量，若不當詮釋，也會成為婚姻暴力的幫凶，讓婦女忍受著不當的對待卻以為理所當然，「夫妻相欠債」的民間說法，讓許多婦女在受到丈夫不當對待時，自以為是過去前世所欠的「債」，因此在此世一定要「償還」，否則下輩子還得要一直受苦還債，有些例子是還因此連命都賠上了！以下的個案都是現實生活中社工所處理的例子，當然可辨別的資料皆匿名化，以尊重和保護當事人的隱私。

《案例一》

某泰國籍婦女處於暴力循環中長達十多年，該婦女工作能力良好且長期為案家主要經濟支柱，台灣籍的案夫則是吸毒成性不事生產，不僅依賴婦女生活還無情施暴。但婦女雖然受苦多年來卻不願脫離受暴環境獨立生活。經社工會談後發現，案主將婚暴經驗歸因於三百年前與案夫的因緣，因案主曾在前世中陷害案夫，故今生必須討好案夫以換得案夫的原諒。

這個案例聽來是否很熟悉？在服務於家庭暴力機構社工員經驗當中，不時聽到婦女認定此生遭遇乃因上輩子欠債，寧願選擇返回受暴的環境繼續還清所欠下的債務，這不但是這位來自泰國外籍配偶的生命故事，也是許多相信因果輪迴的台灣人所遭遇的生命故事，很多人會將今世的痛苦，視為過去所造惡業的惡報，所以此世必須忍受報應並多行善積德以消除業障，「因果報應」確實是亙古不變的至理，可是誰有那樣的智慧與資格，斷定世間糾葛的是非對錯呢？

過去我曾遇過一位熱心助人又孝順的老大哥，過去努力工作養家、孝順父母，對朋友總是情義相挺的他，患病時也同樣在幫助其他病友，只是他曾問我內心很痛苦的疑惑，就在患病的幾年前，他有穩定而優渥的工作，並育有一子一女，他曾激烈的反對尚是高中生的女兒當時的戀情，在激烈爭吵當中，女兒當著他的面便往十幾樓的窗戶一躍而下，當事人當然是悲痛萬分，然而多年來因公務常與妻子相隔，雖然對家中開支完全負責，讓家人都過著穩定的生活，但即使在退休後仍無法彌補互動的不融洽，在他喪女後更是渴望安慰時，認識了外遇的對象，事發之後鬧了家庭革命，唯一的兒子要他選擇要這個家庭還是外遇的對象？當時因為一時的情緒、也因為種種因素，他選擇了外遇的對象，此後母子倆遠走他國，兒子再也不認這位父親。

非常遺憾的後續發展，事隔兩年後，元配發現罹患癌症，經過化療一年多後病逝，在此時這位當事人也罹患了癌症，對於妻女的過世他很內疚，但是隻身在台灣的他，兒子與親友的不諒解，也只剩身邊這位女友能照顧、陪伴化療中的他，他希望能夠知道過世的妻女是否在另一個世界過得更好？也想知道自己患病是否為報應？有誰能回答這樣的問題？難道人生是不允許一時的犯錯嗎？誰能知道一步錯、會步步錯？人生又給了他多少選擇？誰能夠斷定這場因果呢？

那位泰國籍母親的因果故事，可以有很多版本的情節：上輩子太太是獵人、先生是獵物，這獵物其實當時是母親，剛產下了幾隻小動物，所以三百年前不但自己被獵人殺死了，剛出生的孩子也因為沒有母親照顧而死去，所以這輩子獵人不但要用一輩子的辛苦付出來還債，還得要接著承擔這些不肖子女闖出的禍；也可以是三百年前這一世的太太是有錢的主人，而施暴的丈夫是奴隸，因為主人當時對奴隸稍有不從就加以責罰，讓這奴隸受不了而自殺，或者是被虐待而死，所以這輩子先生會對太太稍有不順心便毆打責罰，誰叫太太三百年前也這樣做……。

換個正面一點的說法，也可以說是三百年前丈夫是個學佛的善人，太太則是個乞丐，三百年前這位善人在寒冷的冬天收留了乞丐，而且還照顧他，給他衣食住宿還留在家裡打雜工作，可是這乞丐死性不改，不但在家裡好吃懶做，視大善人的幫助為理所當然，還利用大善人想要感化他的慈悲心腸，動輒埋怨、強索財物，一日還覬覦大善人女兒的美色要侵犯，被發現後惱羞成怒還打了大善人，所以這輩子太太要供先生吃住，還得受到暴力相向……。

這樣的故事我可以一直講下去，多到可以出成套書了！過去在宮廟聽過很多類似的故事，往往許多辛苦的台灣婦女，在求助無門時會尋求神佛庇佑，以及通靈者的幫助，而這類的故事加上嬰靈，就是所謂通靈人告知婦女的通靈結果，所以要婦女們多加忍耐，畢竟這是自己造的業，當然要自己償還，如果這輩子不還完，搞不好下輩子還要繼續還！於是婦女們更努力的「修行」，挨打再挨打，只因為她們相信這樣的通靈說法。

這位泰國籍婦女至今還是無法放棄三百年前欠債於先生的想法，但是後來她轉了念頭，因為曾有友人告知她，前世所欠下的債務可以用其他方式償還贖罪，不必一味地討好丈夫，當下轉念後便決定跳脫婚姻暴力的循環。很多人都說，民間信仰中的宗教師、通靈人、乩童等等，是台灣本土的心理諮商師、社工師、助人工作者，用最傳統的方式撫慰人心，專業的社工員也常思考如何運用這些力量，當這些乩童、通靈人等宗教從業人員對人有巨大影響力時，不也同是意味著必須承擔更大的社會責任嗎？面對這些需要幫助的受暴婦女，通靈人是要讓婦女們「深陷泥沼」、抑或是「超越泥沼」呢？

《案例二》

某台灣籍婦女信仰基督教，相信《聖經》中「神所婚配的人不能分開」（聖經馬太19：6），堅持不能離婚。案主不顧自己在受暴婚姻中身心重創，執意要返回受暴環境並且感化案夫。社工員觀察到案主對於返家非常抗拒，且對於即將面對案夫感到焦慮，但案主依然不容許自己擺脫不堪的婚姻。

開宮廟能遇到基督徒來求助是不常見的事情，多半是自己的信仰並不明確，跟著家人、祖先或戀愛與婚姻而成為基督徒，所以當遇到困難時，聽說有任何方法也會去試試看，要拿香拜偶像或算命也無所謂。真的很難想像婚姻不順遂的打擊有多麼痛苦，記得在我成為穆斯林（回教徒）後，一日回去學校拜訪老師時，遇到過去在不同單位工作的小姐找我，過去也只有業務上偶爾往來，很意外怎麼會特別來找我說話？她說：「我聽說妳成了牧師了，所以想問妳……」

我急忙澄清：「不是『牧師』！是『穆斯林』！」她說：「喔，所以妳當牧師應該比較懂宗教……。」我又打斷她：「我不是神職人員『牧師』，我是一般的信徒『穆斯林』，傳統上大家說的回教徒。」她又說：「喔，所以是回教的牧師啊！我想要問妳……」真是傷腦筋，已經打斷了五六次，她還是覺得我應該是神職人員，不管怎麼澄清都沒用，只好先把她的故事聽完……。

她的先生是在台灣工作的美國人，兩人相愛結婚並隨著丈夫信了基督教，也會一同去教會做禮拜，幾年後丈夫突然堅持要離婚，經了解後才發現是和教會的某工作人員發生了外遇，當然她很不能接受，原以為丈夫常去教會是好事，沒想到是別有目的，另一個更不能接受的原因是，外遇的對象不只是基督徒，還是教會工作的員工，讓她完全無法接受，不管對先生或對教會如何反應，都無法挽回先生的心，只能眼睜睜看著他們在一起，對於教會與其他教胞皆不肯介入處理，感到氣憤不已，所以想問我這個「穆斯」該怎麼辦？

我還是先強調自己不是「穆斯」，而是一般信眾：「穆斯林」，心底則在猜想，恐怕是打擊太大了，所以「現實感」已經有些受傷了，只聽得進去自己想聽到的話，無法與外界有健康的溝通。她實在不能理解為什麼基督教會講一套說一套？我試著告訴她，這不是哪一個宗教的問題，所有的宗教都教導人們要忠於伴侶，悉心呵護婚姻與家庭，教徒有了牴觸宗教規定的表現，不是宗教的問題，歸結起來還是人的問題！

想當然耳我的勸說無效，她希望的應該是耶穌能從十字架跑下來大聲斥喝那對狗男女，然後要女的下場悽慘，最好家破人亡、發瘋喪失心志，而丈夫則大徹大悟，忠心耿耿回到身邊永遠愛她，如果耶穌很忙不方便，至少教會牧師也該代勞，好歹也該把那女生開除職位，再不然眾基督教友也該群起攻之，在教堂門口貼著

「逐出教門」的告示，最好還登報七日，做什麼都好，就是不應該放任不處理。

宗教除了能夠撫慰人心之外，也提供了一套價值觀，特別是倫理道德的準則，透過神的教導、經典的奉行，提升人的品質也創造更祥和的社會，所以信仰者、神職人員則被認為應該有更高的道德標準，倘若有違反教義的不當行為時，便會被指責：「吃素吃假的喔！」、「信神有什麼用？」、「拿香的還不如都不拜的！」當然做了不當的事情是不好的，但是這跟宗教信仰何干？這如同於批評「中國人都這樣！」、「美國人就是如此」、「台灣人很悲哀」，或者是「那開車的一定是女的」、「某政黨的都一樣」等等說法無所差異，都是以宗教、種族、國籍、性別、政治立場等等的歧視。

理智上我們都知道這些歧視是不正確的，但是在生活中偶爾會顯露，甚至是有此想法卻不自知，可以做個簡單的測試：請想像自己或至親好友即將嫁娶美國白人？歐洲白人？澳洲人？阿拉伯人？日本人？越南人？印尼人？非洲黑人？佛教徒？一貫道？回教徒？跟他自己性別相同或不同的對象？請問聽到哪一種會揚起嘴角微笑？又哪一種會皺起眉頭呢？

我自承對韓國人有莫名的敵意，有次在街頭幫助一位外國人搭公車，後來得知對方是南韓人，心中竟有些掙扎；又或者是在球場，我很討厭男性碰到我的裁判護具，通德興業公司的陳前芳董事長總大方的贊助我裁判護具和經費，我總分是分享給其他女裁判，與我多年打拚的裁判夥伴不免抱怨：「我們是你的夥伴兄弟耶！妳怎麼都不分給我們？」我冷冷地回答：「當年我在球場被趕出去、被男裁判說不准碰到他們的椅子和裝備時，我就暗自發誓要努力幫助女子棒球，所以留護具就不留陽具，你們自己選一個！」

像我這樣的對國籍和性別的歧視是很不應該的，可是理智與情感卻有難以彌補的差距，有些時候知道該怎麼處理事情才對，可是又因為一時的疏忽或懶惰，又或者是慾望的驅使而犯錯了，宗教信仰要我節制飲食，但是到了吃到飽餐廳就把叮嚀拋諸腦後，貪婪地暴飲暴食不是我宗教的錯，而是自己的選擇和行為。同樣的，有些信仰者因種種原因犯了錯，不好倒果為因，反而覺得信仰無用，天可憐見！倘若沒有宗教信仰會更失控呀。當然了！倘若有些人是壞事幹盡，以宗教包裝自己，訛詐人們的信賴並自我催眠，自以為茹素、拜神、燒香就能抵銷過錯，這等人能騙得了自己卻騙不了神佛，恐怕更是罪加一等呢！

至於基督徒到底能否離婚？乃至於可否再婚等等議題，至今仍有不同的立場，倘若就《聖經福音書》（馬太5：32、19：9）說道：「我告訴你們，凡休妻另娶的，若不是為淫亂的原故，就是犯姦淫了，有人娶那被休的婦人，也是犯姦淫了。」簡言之，可以合法離婚的原因是另一半犯了淫亂罪，倘若妻子沒有淫亂，丈夫便不可主張離婚，任何人也不能娶其為妻，否則便犯了淫亂罪。此外，有些婦女結婚後才發現丈夫隱瞞自己已婚的身分，自己在不知情的狀況下成為小三，由於基督徒的婚姻是「承諾」、是由神見證的「合約」，既然是在被欺騙的狀況下結婚的，神當然不會為此見證，婚姻也不會成立，因此受騙的婦女也可以解除婚約而不犯罪。

至於受到「婚姻暴力」或配偶有精神疾病的情況是否能離婚呢？這也是基督徒和學者研討的議題，倘若引用《聖經》的《瑪拉基書》（2：10-16）提到：「耶和華以色列的神說，休妻的事，和以強暴待妻的人都是我所恨惡的。」又一開始提到婚姻應該是丈夫與妻子合為一體，當施暴者已經違背婚姻許諾的初衷，並且違反神的教導，犯了神所憎恨的惡行，而且「傷人」、「殺人」都是神所不允許的，有些基督徒持這樣的觀點，因而允許有限度的離婚，當然，如果能以愛與包容維繫婚姻，彰顯神的愛與大能，更是神所大大稱許的。神給人們考驗，人們則努力去實踐神的教導。

基督教對於「離婚」有不同的看法，一致性的部分便是必須嚴肅尊重「婚姻」，這份由神見證與祝福的誓約，不曾見有以「個性不合」、「沒有感覺」、「溝通不良」、「婆媳不睦」或「生活習慣不同」便訴諸離婚，明明就在神面前給了許諾，豈可隨意唬攏神呢？所以在找配偶與嫁娶時必須非常慎重，思量再思量，婚後更是要努力經營家庭關係，不輕言放棄，為自己許下的海誓山盟負責任。至於另一半的背叛，除了努力挽回和情緒抒發之外，雖然一定很想知道對方背叛的理由，也別忘了留些精力思索神的教導，此世的痛苦不會是永久的，神卻擁有我們永恆的生命。

《案例三》

某印尼籍婦女信仰伊斯蘭教（回教），相信真主說：「原諒是一種美德」，因此不顧婚前即遭受暴力仍執意嫁給案夫，婚後亦不斷出現受暴循環。中亞與印度地區童婚情況嚴重，貧窮地區的家庭，為了節省嫁妝的開支，會出現互相交換婚配的約定：「把自己的女兒嫁給對方，以換取讓對方的妹妹嫁給自己的兒子。」以免自己的兒子因為無法負擔嫁妝而無法娶妻，因此而發生未成年的小女孩被迫嫁給足以當自己父親或爺爺的男子，尚未發育完成便嫁做人婦，懷孕對這些骨盆還是很小的女孩子造成極大的危險，很多人因此不幸死於難產。

先前已經提到，伊斯蘭教賦予女性結婚權、離婚權與財產權，很顯然在上述例子中，沒有人有機會讓這些女性知道自己的權利，整個社會文化的詮釋是「伊斯蘭教就是如此」，文盲的村民又有多少能與這些宗教詮釋者辯論？當穆斯林尤努斯與其鄉村銀行（Grameen Bank）於二〇〇六年榮獲諾貝爾和平獎時，這位出身於伊斯蘭傳統家庭，自傳中多次強調穆斯林身分的諾貝爾和平獎得主，本應是伊斯蘭世界值得自豪的榮耀，但在他的自傳式書籍《窮人的銀行家》中談及推廣鄉村銀行時，最大的阻力之一便是假藉伊斯蘭之名、實則混雜鬼神崇拜之實的偽教士們，以一己之私詮釋經典，卻仍被不識字的村民們奉為宗教權威[20]。

《古蘭經》時常被爭議的經文第4章第34節：「男子是婦女的保護者（和供養者），因為安拉已經使他們當中的一方比另一方優越（力量上）。同時，也因為他們花費他們的財產（贍養她們），所以賢淑的婦女是服從的，和在暗中謹守安拉為她們防守的節操。至於那些你們擔心她們叛逆不遜的婦女們，你們應當先勸告她們，（然後）不與她們同床，（甚至）責打他們。如果她們服從你們，你們就不要再想辦法去對付她們。安拉是至高的、至大的。」許多學者也喜歡討論這段經文的涵義，甚至可以在中東的電視節目上看到「示範毆妻」的方法：拿著牙刷般的棒子輕打。

雖然有些學者試著同情地理解，以「輕打」來解釋這段經文，但是對現代人來說還是難以接受的，此時不禁讓我想到，《古蘭經》是由阿拉伯文降示的，但如果這段經文是由女性詮釋又會如何呢？阿拉伯語的語系屬於閃含語系閃語族，穆斯林傳統上認為《古蘭經》是不可能被準確翻譯的，有些學者甚至認為翻譯經文是不應該的，況且曲解　真主的意思是莫大罪過，然而隨著伊斯蘭教的擴充與更多不同民族的人們歸信伊斯蘭教，因應宗教傳播與信徒的需求，《古蘭經》被翻譯成多種語言，正如同前人的擔憂，阿拉伯語的文字是閃族語，其特點在於「三字根」，也就是以三個字母組成的字根來代表某種涵義，再輔以特定的字母或母音來變化不同的意義與動詞變化，少數字根則是二或三個字母組成的。

換句話說，例如字根 drasah 有「教學」的意思，許多字根前面加個「M」就代表地方，因此 madrasah 就是學校的意思，又例如字根「Ha-M-Ma」原意是加熱的意思，加上字母的動詞變化，humma 就是人加熱—發燒啦，如果加上M成為 Hamaam 又可延伸為浴室。

字根有許多變化所以也會有不同涵義，因此許多講阿拉伯語的人們，會因各地發展出不同的方言甚至無法溝通，只能盡量以《古蘭經》版本的阿拉伯語為溝通基礎，這又讓我想到《聖經．創世紀》第十一章「巴別塔」的故事，當時人類聯合起來要興建一座直通天堂的高塔，為了不讓人類成功，於是上帝讓人類使用不同的

⑳《窮人的銀行家》，台北聯經，二〇〇七年，113～114頁。

語言，從此人類無法溝通，再也無法團結了。

曾有女性穆斯林學者拉蕾・巴克緹雅試著翻譯英文版《古蘭經》，她發現這段經文的字根「Daraba」除了有打、鞭笞的意思外，還有懲罰、離開等等，所以她認為這段經文應該是：「至於那些你們擔心她們叛逆不遜的婦女們，你們應當先勸告她們，（然後）不與她們同床，（甚至）離開他們。」也就是離婚的意思。當然有非常多穆斯林會對此存疑，這實在大大挑戰了傳統權威，甚至是既得利益，不過已有學者開始著手研究伊斯蘭教的女權，這已經是很好的開始。

這讓我想起佛教中的「八敬法」，又名「八敬戒」，係指佛陀給比丘尼增加的戒律，說明比丘尼要尊敬比丘的八條戒律[21]。這八條分別是：

一、百歲尼要禮初夏比丘足。

二、不罵比丘，不謗比丘。

三、比丘尼不得舉比丘過，比丘得舉比丘尼過。

四、比丘尼具足戒，須在二部僧中受（先於尼僧中作本法，再求比丘僧為之授戒）。

五、比丘尼犯僧殘罪，應在二部僧中懺除。

六、每半個月需求比丘教誡。

七、不得與比丘同住一處結夏安居，也不得遠離比丘住處結夏安居（為便於請求教誡故）。

八、安居圓滿，應求比丘為比丘尼作見聞疑罪的三種自恣（自由舉罪）。

重視社會正義與公益，且具備深厚學術涵養的昭慧法師，如果沒有她的努力，

21 八敬法出於佛陀時代。佛陀成道十四年後，佛陀父親淨飯王過世，撫養佛陀長大的姨母——大愛道夫人，與佛陀未出家前所娶的妻子——耶輸陀羅，率領數百位侍女，呈現剃度相、著僧衣，來到佛所請求佛陀能讓女眾出家。佛陀以「瞿曇彌，無樂以女人入我法律，服法衣者，當盡壽清淨究暢梵行。」之言論，三度婉拒大愛道等人的請求。在第三次請求失敗後，阿難陀向大愛道問何以在此悲傷，大愛道向阿難說明因為女者不得入沙門，而在此請求佛陀，但三度請求，三次婉拒，因此在此悲傷。故此阿難陀向佛陀提出讓女眾出家的請求，佛陀向阿難回答：「假如女人出家，那佛法的清靜將不得久住興盛。就好比成熟的稻穀遇上的惡露災氣，會使好的穀物傷敗。」而阿難陀以大愛道夫人撫養佛陀的恩情來打動了佛陀，因此佛陀便說女人若要出家，只要做到八敬法，終身學習奉行，接受了大愛道夫人等女眾的出家。（摘自維基百科）

台灣不知道何時才會有「動物保護法」和「野生動物保育法」？她也列舉理由說明「八敬法非佛說」。佛陀在世弘揚佛法時並未著書，今日所見的佛教經典乃是佛陀弟子的記錄以及彙編，所以常見到開頭寫著「如是我聞」，就是「我是這樣聽到的」，根據巴利文律藏的研究，發現有些戒律的起源並非是佛陀親口說，而是後來增添的㉒，昭慧法師曾言道㉓：「佛法是強調『眾生平等』的，人和螞蟻的地位平等；然而弔詭的是：女眾竟然不能得到與男眾平等的地位。被譽為『玄奘以來第一人』的印順導師，就慈悲的為女眾抱持不平之鳴：『二千多年的佛法，一直在男眾手裡，不能發揚佛法的男女平等精神，不能扶助女眾，提高女眾，反而多少傾向於重男輕女，甚至鄙棄女眾，厭惡女眾，以為女眾不可教，這實在是對於佛法的歪曲！』」佛陀提倡平等思想以打破印度不平等的種姓制度，又怎麼會創造出兩性不平等的八敬法呢？

且依學理來看，「八敬法」不符合佛陀「隨犯而制」的制戒原則，何以會在尼眾尚未出家前就先預備在那裡，連罰責都定好了？八敬法的實行將扭曲佛門健康的兩性關係：讓比丘尼自覺矮了一截的自卑感，以及在法定上賦予比丘的優越感，這不管對男性或女性都沒有益處。昭慧法師並舉例：「大愛道在耳聞六群比丘們不三不四的言論後，一狀告到佛陀那裡，佛陀不但沒有數落她『不得說比丘過』，反而把六群比丘叫來問明狀況，然後責罵了他們一頓。妙哉！這豈不也證明了『八敬法』的來源可疑？佛陀倘曾要求『比丘尼不得說比丘過』，那麼，當天挨罵的就不會是六群比丘，而是大愛道比丘尼了。」由此可知八敬法的條文與以往的史實不符。再者，有人可以想像慈濟證嚴法師必須向剛受戒不久的年輕比丘跪拜行禮嗎？

佛教所有的經典並非是在佛陀在世時逐一寫下的，而是在佛滅之後集結而成經典的集結和詮釋權，全落在男性手中，對於不符合佛教精神的「八敬法」何以沒有討論的餘地？在昭慧法師公開發表廢除八敬法的宣言後，立即收到抗議信函，其中還有在家男眾說：「縱使妳們比丘尼想要廢除，我們這些居士也不贊同！」昭慧法

❷❷釋若學，《比丘尼律的相關爭議點》，牛津：巴利聖典學會，2000。

❷❸昭慧法師宣讀於二〇一一年三月，第二屆「人間佛教，薪火相傳」研討會上的「廢除『八敬法』宣言」部分內容。

師是從佛教基本精神、歷史、學理，依經據律地論證說明，而且還能具備難以想像的勇氣公開發表，除了敬佩再敬佩之外，接著便是該展開智慧地討論和行動吧？怎麼，單憑褲檔裡有多一塊肉就要服人嗎？女生胸口還多你一塊呢！要討論，請用脖子以上的器官吧！

回頭再談到伊斯蘭教中的兩性關係，先來看看《古蘭經》中提及兩性的經文：

服從的男子與服從的女子，歸信的男子與歸信的女子，
遵命的男子與遵命的女子，真實的男子與真實的女子，
忍耐的男子與忍耐的女子，謙虛的男子與謙虛的女子，
施捨的男子與施捨的女子，封齋的男子與封齋的女子，
貞潔的男子與貞潔的女子，多紀念安拉的男子與多紀念安拉的女子，
安拉已為他們預備了饒恕與巨償了。

《古蘭經》第33章第35節

遵守教法、良善品格是不論男女同樣都要遵守實踐的，《古蘭經》啟示了男性

在生理上的優越，所以採取「男主外、女主內」的兩性分工模式，女性亦並非沒有外出工作權，但是被鼓勵擔任家庭主婦，男性則有養家的義務與責任，今日有些人會認為「這就是不公平啊！」，但穆斯林女性會認為：「同樣雙薪家庭都是去上班，下班誰負擔的家務多？照顧小孩的時間長？做相同的工作量，女性有相等的薪水與升遷的機會嗎？所以與其要上班又得要打理家務，而不就當個全職的家庭主婦吧！」況且，「母親」確實是不可取代的角色，這也是兩性分工的重要性。關於何謂兩性平等？不同的文化背景與角度還是有差異的。

伊斯蘭教所定義的「宗教」包含了三大部分：「信仰」、「功修」與「行善」，據先知穆罕默德的解釋，「行善」是指「禮拜安拉時，猶如見到安拉一樣，如果你未見到安拉，但安拉卻一直看著你。[24]」在字義上意義則是「向善」、「行善」，所以「行善」在伊斯蘭教的詮釋上，也可以說是為了　真主，把心中的「信仰」表現出來，付諸言行，相對於作惡而言，泛指一切美好的行為，其涵義除了避

[24]《布哈里聖訓集》第50條。

免做傷天害理的惡事，還有共同創造和諧社會的責任意識。

伊斯蘭教在不同的國家、區域都有不一樣的面貌，你不會在馬來西亞看到滿街完全以黑布包裹的女性，但在刻板印象中，相當保守的伊朗則能看見女性法官和律師，全世界的伊斯蘭教有絲毫不能更動的「六信五功」的信仰與功修，但是學者對於細節的規範，從古至今都有分歧存在，分歧雖然有令人混淆之處，這也是一個宗教信仰擴展到不同地域環境必然產生的現象，但就生活細節鉅細靡遺、絲毫不可討論，便使得宗教成為控制人們外在行為的工具了，是誰能要求十三億穆斯林的一半人口都穿著一致的衣服呢？伊斯蘭教對於衣著的規定是原則性的，其目的與其他規定都一樣，都是在協助透過內在與外在的宗教實踐，讓穆斯林成為更好、更讓真主喜悅的人啊！

所以我希望在《古蘭經》這節翻譯為「可毆妻」的經文詮釋上，除了字根的翻譯能多加研討之外，更應該思考伊斯蘭教在精神上帶給我們的啟示，透過整體的意義加以理解，當伊斯蘭教要求穆斯林應「止惡揚善」，「行善」是宗教三大體現之一時，為什麼會允許去傷害自己的妻子、孩子的母親呢？伊斯蘭教強調要孝敬母親

25，又怎麼會允許對家庭中的母親暴力相待呢？穆斯林總是以先知穆罕默德的一言一行作為榜樣，而他一生中雖然曾對妻子發過脾氣，卻從來不曾動手，即使是「輕打」也未曾有過，這是否才是穆斯林最好的榜樣呢？

昭慧法師說：「中國社會普遍存在嚴重的婆媳心態，講究的忍，其實是沒有勇氣的忍，只掃自家門前雪，放縱少部分的土豪劣紳為所欲為，魚肉鄉民。武俠小說所以會在中國社會盛行，正是這種不正常的心態作祟，大家才會特別欣賞俠客斬奸除惡的義行，大快人心。」她深深覺得，中國社會多數人是鬱悶的，佛教界也是一樣，很多人怕得罪人，不敢開口表達心中不滿，忍了滿肚子氣；這就像是受到孫悟空的緊箍咒深深壓抑著，久而久之產生嚴重的「補償」心理，對自己沒信心，最後

25《布哈里聖訓集》、《穆斯林聖訓集》皆有記載：穆聖的一名弟子前來求教，他說：「真主的使者啊！我們應當對什麼人最親近，表示最崇高的敬意？」先知穆聖立即回答說：「你的母親。」這位弟子又問：「那麼，第二個人應當是誰？」穆聖又回答說：「你的母親。」這位弟子再次問：「在這以後，應當是誰呢？」穆聖再次回答說：「還是你的母親。」這位弟子繼續問：「那麼，第四位最應當受尊重的人是誰？」先知穆聖回答說：「那是你的父親。」

轉化成過度自大心，反過來欺壓更弱勢者。[26]

宗教是來提升、淨化人類的，不是作為控制或壓迫的工具，更不是要搞得人們烏煙瘴氣甚至引發戰爭，常有人詢問我為何不多寫些我對鬼神的看法？並非我沒有觀察或想法，而是在這個資訊氾濫時代，對於什麼是神？何謂真理和修行？我們已經有太多的選擇和資訊，並不缺乏我多插嘴，但是我們卻缺少互相提醒要透過宗教信仰來「提升人的品質、建設人間淨土」[27]，透過宗教讓自己修養與靈魂提升、經由信仰造福這個社會，我相信宗教是婚姻的良藥而非毒藥，只要人的心地不汙穢，就會有智慧去運用各個宗教的教導了。

[26] 摘自佛教弘誓學院網站，二〇〇二年十月九日由黃美英彙整。
[27] 引用法鼓山的核心理念，此一理念充分表達了宗教的利己與利人。

索菲亞紙上會客室

Q：算命真的能算出前世今生嗎？坊間靈修工作坊，可以幫你回溯前世因果，真的嗎？

A：「欲知前世因，今生受者是；欲知來世果，今生做者是。」相信前世今生者應該也認同今世的種種，原因就是過去世所造成，根據佛教的說法，我們人類的過去世未必生生世世都是人類，很有可能鼠牛虎兔等各種眾生，蚯蚓、螞蟻、青蛙也都有可能，況且這地球已經超過四十五億歲，從恐龍時期來算也有二億年的時間，把自己當烏龜來計算平均年齡，以一百年為單位，看看自己已經轉世多少次了？又曾轉世成多少種動物啊？

所以要知道自己的前世，不必花大錢去回溯，只要多親近大自然、或者逛逛動物園就好，然後就會發現自己真是累世習氣不改：打從出生之後就餓了想吃、渴了想喝、睏了想睡，性器官成熟之後就想求偶，看別人不順眼就想咬對方一口，時常感到困在所處的環境而苦無出路，然後幹譙這世界真是現實殘酷啊！最後，不免俗的，所有生物都逃不了一死。懶得去動物園或大自然也可以看discovery或動物星球頻道，我們的前世就在那裡不斷播出。

其實想要知道自己的前世，事實上就想知道這輩子會如何吧？看看自己上輩子是否得罪人？或者誰還欠著我，來解釋目前現狀的不順遂，以及對未來幸福的盼望。所幸來世是非常值得期待的，因為「未來」是不曾發生，而且取決於現在我們的行動，所以不論是此世的未來、或是未來世的未來，都在我們的手上！當然我們還是可以繼續追逐富貴名利、肉慾橫流，不如意就繼續幹譙這世界、瞧不起其他人，怨天怨地怨命運後，接著照例還是抑鬱而終。

此外我們還是有別種選擇，選擇看到這些世界運行的道理後，想清楚自己想要有什麼樣的未來，然後一步一腳印的朝著目標邁進，就從現在開始，以感恩的心接受苦難，因為我們知道這是生命要我們成長，以盼望的心深耕善功，因為我們知道這是為自己所鋪的幸福道路。看看人生有多美好：未來的命運在此時就能經營決定，而前世過去的命運當然可以回溯，在動物園或動物星球頻道就可看到！

第三章

索非亞的愛情故事

萬事起頭難

講到愛情故事就好比鬼故事一般，誰都能說上幾套，也有自己的論述，不過最常發生的狀況，也是講得嘴角全泡沫，自己上陣沒半步，那我也分享自己的感情路，即使會看命盤或通靈又如何？不少所謂的命理老師、通靈大師，在婚姻與愛情上同樣也是面臨考驗，愛情就像是手中的小鳥：「捏怕死、放怕飛。」（抓緊怕會捏死牠、太鬆手又怕飛走），真是得步步小心經營，而我也不例外。

在邁入追尋愛情的旅程時，我已晚了別人許多步，錯過了高中、大學最佳的求偶期時機，年紀大時又會想很多，不再能使用年少輕狂的動力硬闖，連有人稱讚漂亮可愛時，我只當對方對中古美少女很寬容，很多事情只要努力就會有成果，可是「結婚」卻不是我努力就能有好結果的，看有些人會念經盼能順遂，我都覺得幫往生者助念效果都還比較看得見！用手機講公事時，每通電話不需要花太多時間，但是談起感情困擾如果一小時能夠掛斷就不錯了，冬天的時候手機還會兼有暖暖包的功能，對於怎麼找到好對象還真的很困擾。

近年來我也開始感受到鄰居與親戚關心的壓力，常被問：「幹嘛一直讀書、一直工作早出晚歸，沒有去找個對象啊？」我說：「有啊！我要努力工作存錢結婚啊！」對方會喜滋滋繼續問：「有對象啦！怎麼沒給阿姨看看？」我說：「沒有啊～我要找個對象幫我生小孩、帶小孩、洗衣煮飯整理家務、還要照顧爸爸媽媽啊！只是政府還沒有開放娶男性的外籍配偶，現在就先存錢囉！」通常對方會罵我亂講，可是今日社會對於女生要以發揮家庭功能為目標來組織家庭，真的很困難啊！

很多人又會問：「咦！？妳練空手道、打棒球不是認識很多男生嗎？」是啊、我是認識很多啊！但是又如何呢？甚至會被質疑：「認識這麼多都沒有一個喜歡的，一定是妳的問題！」不、不、不（委屈狀）如果我喜歡其中一個，那我才是有大問題耶！請聽我娓娓道來……。

在空手道道館無法激發愛情火花的因素顯而易見：在場上我們只想置對方於死地，這形容是誇張了，我們是都在以武會友啦！但是真的很難在對方很想打妳，而妳也必須揍他的情境下燃起愛意，或許當年我應該去學國標舞，應該機會就大得多！在棒球場上也不容易，首先球場很大、講話要用喊的，況且嘴巴一張開就會有紅土進來，講話要大小聲又一直要吐口水把泥沙吐出來，真的不容易有心思吐露情事，此外，練球時被操練到自己的名字都不會寫了，我真的管不了誰比較可愛？再者，結束後只想回家洗澡，臭到連自己都討厭自己，不好繼續在場邊培養感情。我想，也沒有人會對臉上掛著面罩還會拉你三振的裁判有興趣，記得有次去打擊練習場練習揮擊，有三位被我判決過的小男生跑來跟我說：「裁判，剛剛妳在練習時，我們都好想在妳後面拉弓報仇喔！」看吧！

流汗過後的人類是很可怕的，僅次於屍臭味，如果再加上泥巴和紅土，相信我！當你們並肩坐在一起時，你只會想坐在上風處，如果他坐過來一點，我會說：「沒關係，這樣我就聽得到了！」下了球場的狀況會比較好一點嗎？不、一點都不！他們除了比較裝備之外，就是在比較自己怎麼「處理」女朋友，說得跟什麼一樣，然後總算有個清醒的會發現說：「忘記索非亞也在這裡耶！」然後場面就會變得安安靜靜的，是啊！有本事說、以後就不要又哭哭啼啼來找我問女友要分手怎麼辦？沒聽展元大師形容全壘打球：「這顆球像變了心的女朋友一樣，回不來了！」不過回頭說句公道話，球場上的男生還是很可愛，性情中人居多，就算有要使壞，也是一眼就看出來，閃遠一點就是了，絕大部分都是誠實厚道加熱情，是很不錯的交往對象。

也有朋友問我：「是不是妳太遲鈍了，所以搞不好有人喜歡妳也不知道？」這說法就想到有次我去醫院健康檢查，可是我的血管偏細並不好找，護士小姐把針扎進去後發現沒刺進血管，針沒抽出來就直接在我手臂轉彎往下挖，我瞪大眼睛問她：「小姐，我是活人耶！妳怎麼這樣抽血啊？」護士尷尬地說：「我正想說妳怎麼這麼勇敢，都不會痛？」拜託！我是人生父母養的，又不是貓生狗養豬帶大的，誰對我是好或是壞，怎麼會分不出來呢？

又有朋友建言：「那妳要多看偶像劇啦！就知道要怎麼談戀愛了！妳就是只看棒球、不看愛情劇，所以什麼都不懂。」學電視劇談戀愛才沒道理呢！對現實生活中沒什麼幫助啊，電視劇我一看就知道誰跟誰會是一對的，就是最帥的跟最漂亮的嘛！再不然片頭、片尾在唱歌的時候知道啊，現實生活中我怎麼一眼就能認出我的苦主呢？電視劇裡面主角動不動就是董事長或小開，我現在和朋友聚餐都還是去快炒店，走在路上被轎車撞到是怕賠不起，不敢指望坐裡面的人強要娶妳。還是要翻翻幼稚園的畢業紀念冊，看有哪個帥哥很投緣就去把他撲倒？談戀愛要靠看偶像劇，難道生小孩要靠看愛情動作片嗎？電視和現實還是要區分，凡事還是照著常理走比較妥當吧！

老師也曾問我：「那妳是不是擇偶標準太高呢？」如果要說都無所謂也不大可能，別人要介紹對象，總不能說「公的、活的」就好吧？所以當老師問我時，只感嘆：「這年頭，要找個身心健康的異性真不容易啊！」我是真的有誠意要找對象，伊斯蘭教有個說法是：「在下雨天禱告時會特別地靈驗。」有天在球場想起了這件事情，趁著雨勢未歇趕緊祈求　真主賜給我一位好對象，當我祈禱詞都還沒念完時，雨就停了……。

湊不成對的愛情路

小時候爸爸除了陪我下棋、打棒球之外，也常聽他講以前練柔道的故事，印象深刻他曾說：「如果台灣發生戰爭，讓媽媽帶小朋友（我姊的兩個兒子）去鄉下，我們兩個一起作伴去從軍。」加上個性使然，自幼我就對武術、保衛國家之類的很有興趣，又總是頂著一頭理到耳上的短髮、喜歡運動，好處是朋友緣挺好的，不論男生女生很容易玩在一起，但開始有兩性意識時，就得習慣被笑說不像個女生或是男人婆之類的。還記得高中去參加政大的法律營隊時，晚會有一段是教大家跳舞然後互相練習，結果同班的有位男同學看到我就像看到鬼一樣，不肯跟我跳舞。雖然個性大喇喇的女孩子混熟交朋友很容易，但面臨類似跳舞這種有點曖昧情愫的，就只能被當作底標囉！

成長的過程中雖有不少友好的男性朋友，但有情愫還真的想不起來，即便我開始想要找對象，幾年來仍是苦無機會，我的老師除了當我在辦公室上竄下跳時會提醒我：「文靜點……」甚至送了我一件牛仔長裙，規定我每週要選一天穿裙子上班，當然朋友們也出了很多主意，多半是建議我透過外型去改變氣質，我很感謝大家的熱心，只是我也有自己的堅持：我還是得要「做自己」，自己都不喜歡的刻意改變叫做矯揉做作，藉此找到對象叫做詐欺，心知肚明要裝也假不了多久，穿幫了不就更慘了？所以基本上我還是把找對象這件事放在心上，生活上則繼續做我自己、順其自然。

由於我的工作性質是偶爾會接待外賓，兼任棒協的翻譯時也會接觸外國隊伍，和這些外國朋友都相處得很融洽，二〇一〇年洲際盃擔任荷蘭隊翻譯時，也和過去一樣常和選手鬥嘴，那些幼稚的球員時常喜歡捉弄我，例如搭電梯時把我擠到角落或引開注意力，讓我錯過自己房間的樓層，有次帶被擦棒球打傷手掌的捕手小渣（Shawn Zarraga）與防護員去醫院檢查後，搭電梯時他又把我擠到角落不讓我出去，我叫他別再捉弄我了，再不道歉就要讓他後悔，他老兄仗恃著人高馬大問我是能怎樣？一氣之下我便一口用力咬住他的手臂，一時間他只能痛得哇哇大叫，一旁的防護員則說：「你快點道歉吧，我不想再去一次醫院！」後來我得到道歉並得意地離開。前些時候幾位荷蘭隊員在臉書上消遣我，因為小渣比賽回荷蘭後當了爸爸，他的女兒就取名叫「索非亞」。

第一屆世界少棒賽在台北舉辦時，我擔任印尼隊的翻譯，教練們都是穆斯林，卻總有一位教練老是邀我去喝啤酒[28]，一開始還以為聽錯了，知道是當真後便予以婉拒，比較熟之後便好言相勸，比賽接近尾聲時，我正與其他工作人員一起用餐，他老兄又來問我要不要一起去喝個啤酒聊天？我便規勸他：「穆斯林不該飲酒的！」他還是強辯：「啤酒幾乎沒有酒精，不會醉就沒有關係啦！」既然他賴皮、我也使出撒手鐧：捧起雙手吟誦《古蘭經》[29]。他也只能苦笑快快離開，此後只要

[28] 穆斯林禁止飲酒。

[29] 穆斯林禱告的方式是捧雙手，狀似接受真主的恩典。

他再提到要飲酒，我便大喊：「撒旦走開！」然後開始念經，旁人一見到總覺得非常有趣，就像是念經驅魔的真實版！

與球員融洽的相處，單身的狀況就有發生情愫的可能，幾次都是在接待時會遇到勇敢的洋人對我表白，不過我實在不想回家後還得要講英文，再者我認為人在異鄉總會變得特別浪漫，異國風情兩三天母豬也能賽貂蟬，對於這些一時的衝動我還不曾暈船過，只有唯一的那麼一次幾乎要動心了，但我還是理智當頭，就是缺乏那股衝動……。

二〇〇七年世界杯棒球錦標賽時，我擔任澳洲隊的翻譯，那時候正值我當裁判最痛苦、被排擠的階段，記得中華隊與澳洲隊的那場熱身賽有實況轉播，不知道是否因此帶給主審裁判莫大的壓力？澳洲隊總教練在第七局的攻守交替時示意我一起上場找主審，講到由於澳洲隊還有兩位投手還在飛機上未報到，因投手不足的關係，倘若持續平手可否不打延長賽？這時候也有位大會工作人員在旁，回答說熱身賽是沒有延長賽的，我告知總教練後便回去休息室，不過就再普通不過的對話，豈料比賽結束後卻惹了風波？

比賽結束後我為了要去搬礦泉水上巴士，所以獨自經過裁判休息室門口，比賽才結束不超過半小時的時間，主審似乎賽後喝了點酒，見到我便指著我的鼻子破口大罵：「都是妳害的！這場比賽都是妳害的！翻譯都翻錯！」我還在想說他是不是認錯人了啊？還沒回過神就聽他繼續罵：「這麼重要的比賽還翻錯，妳會死啦！妳會死啦！」這時我已從困惑轉變為一肚子火，反問：「我是翻錯了什麼？你倒是說說看啊？」主審似乎是藉著酒意，又繼續夾雜著髒話罵我，本來我氣得要他道歉，但是被一旁的裁判長與資深裁判示意快離開，考量到球隊當晚要從雲林換飯店到台中，我只好悻悻然地回巴士，回到巴士上我很生氣也很難過，心想：「如果我是翻譯而不是裁判，他敢這樣當眾臭罵我嗎？」雖然我沒說話，但總教練 Jon Deeble 似乎察覺我不對勁，我告訴他發生什麼事情，並詢問他是否真的認為我翻譯有問題？他說他很喜歡我這幾天下來的工作表現，一點問題也沒有，要我別理會那個人了！

裁判身分的痛苦更突顯了澳洲隊的溫暖，我想澳洲隊真的很喜歡我，比賽前的熱身我會上場幫忙接球，有時則在捕手後面練習當主審，每次我拉三振時，總會逗得大家哈哈大笑！判四壞球時會被投手凶神惡煞地抗議，一旁的選手則說：「罵回去啊！這是最好的練習，快點罵回去！」最難忘的還是賽前的打擊練習，打擊教練會一一叫選手去打擊，突然保羅教練喊了我的名字，我興奮地拿了前誠泰隊選手湯姆的球棒就上去打，真是畢生難忘的美好回憶！其他練球時間，澳洲隊的外野手小歐，也常會餵球讓我打擊，或者是一起從本壘起跑，當我跑到一壘時，全隊第一快腿的他已經在二壘跟我揮手了！

這三個多星期的時間我玩得很開心，晚上跟球員不是去練球就是逛夜市，但是若約我去夜店或跳舞便不曾去過，小歐邀了我不少次去跳舞，但我從未同意過，當他說「喜歡」我的時候也只當作是好朋友的「喜歡」，可能是我真的玩得太開心了吧？直到他很明白地問：「當我的女朋友好不好？」我才明白是怎麼回事？我很明白地告訴他不想跟洋人交往，隔天在球場練習時卻又問：「難道我不夠好嗎？不夠帥嗎？」我的回答是：「說真的，你真的是帥斃了！在台灣一定是很多人都喜歡，只是我真的不想跟外國人交往，反正你老了也是像他那樣。」同一時間我比向五十多歲的保羅教練，小歐講了幾句S開頭的髒話就離開了。

要當個好球員一定要很有毅力，很意外地他似乎沒因保羅事件便放棄，稍晚又問我：「妳的希望不是生個很會打棒球的兒子嗎？如果妳嫁給像我們這種球員，以後小孩就會像妳一樣聰明，又像我們一樣會打棒球耶！」我擺出很無奈的表情回答他：「我就說球員就是不行嘛！你看看你們的頭腦！怎麼沒想過以後也會有百分之二十五的機率，我們的小孩會像我一樣不會打棒球，又像你的……」最後一個單字我沒講出來，他又用S開頭的髒話講了幾句便離開了。故事的最後當然是比賽結束他要離開了，在機場時的最後對話就溫馨多了，他問隔年的八搶三奧運資格賽能否再見到我？我說：「我不想再見到你了。」他一臉驚訝看著我，我接著說：「明年就留在大聯盟吧！不要再回來了！㉚」他給我很燦爛的笑容，然後用禮貌地擁抱作為最後的再見了！

其實這過程中我並非沒有動搖，曾說到除非他是能留在台灣，否則我真的不想要到國外去，他也真是我這種小球迷心中的大偶像：長得帥、球又打得好！這種球員願意喜歡我應該是要心懷感激啊！可是我對於洋人就是沒辦法動心，真的是勉強

㉚奧運八搶三的比賽正值大聯盟春訓，受邀上大聯盟春訓者勢必無法再來台灣打八搶三的奧運資格賽。

不來的。二〇一一年夏天我隨桃園少棒隊赴美國參加小馬聯盟世界少棒賽，賽後隨球隊觀賞道奇隊的比賽，比賽後段換上來一位代打者，他的名字和照片清晰地打在大螢幕上，我跟一旁的李政達教練說：「我差點要跟他交往耶！」李教練瞪大眼睛表現出一臉狐疑，我接著說：「只能怪自己年少不懂事、有眼無珠啊！」我生命故事有些段落講出來真的都挺離奇的，只是連自己也萬萬沒有想到，就連感情事也能說上一段！

從小到大我的外貌沒有多大的改變，就是變得越來越胖、越來越寬的差別，久未見面的親戚一見到我家三兄妹，先看到哥哥便說：「哥哥好帥喔，一定很多女朋友吼！」再看到我姊姊時說：「怎麼還是這麼漂亮啊？跟媽媽一樣身材好好又漂亮！」再轉身看到我便會說：「恩……妹妹……妹妹很會讀書吼！長得跟爸爸很像。」好吧！從小我就知道不能靠臉蛋，一定要靠頭腦、靠能力！其實長相平凡、個性外向也挺不錯的，男生很輕鬆能跟妳交朋友也不怕被說曖昧，女生也很喜歡跟妳在一起而沒有威脅感，自己能看到優勢就會釋懷了。

所以我不是很能想像集三千寵愛於一身的享受，呃……除了我在廟裡起乩通靈可以算是的話……，上天真的是對我不薄，總算在二〇一一年赴美國參加職業裁判訓練的一個半月當中，第一次享受到以女生的身分當貴族，而不似平常在台灣如賤民的經驗。話說訓練前三天，我便先到佛羅里達州訓練營所指定的旅館休息和調整時差，那裡最近的餐廳就是旅館本身的和對面的麥當勞，要到其他的商店或餐廳得來回走上四十分鐘以上，我一手提著洗衣精和香蕉、另一手則提一加侖的飲用水，深覺訓練營還沒開訓就已經自行做重量訓練了，往後一個半月沒有車要怎麼辦？恐怕水都要節省著喝吧？

這一年的訓練營有多達一二〇位學員，卻只有我一位女性，我終於體會到真正的「當兵兩三年、母豬賽貂蟬」！排隊領午餐時總是有人要我別排隊了，直接去拿就好，休息時會有人請飲料，雖然我都不接受，但也深深感受到被照顧的感覺，本來很擔心在美國沒車就是沒有腳，開訓後只要我開口要搭便車，總會有學員自願載我去超市補貨，後來幾乎每天都有人願意幫我去買，逢週日休息也總有人願意載我去觀光，第一次體會到傳說中女生可以隨意呼喚找司機的感受！不過看來我也只有在美國吃得開吧？

結訓後我留了幾天觀光還有拜訪洋基隊的坦帕基地，慷慨的洋基隊除了當年願意贊助我主審護具之外，也歡迎我去參觀他們的球場以及比賽，而我也很想再與教練們相見、見見大聯盟球星，並當面表達我的謝意，如果不是當年他們的牽線，我也無法認識視我為女兒的通德興業陳前芳董事長，此次到美國參加職業裁判訓練，機票與全程的食宿、訓練費也都是董事長贊助的，這份恩情也是要感謝當年洋基隊的牽線。坦帕的洋基隊基地離我住的旅館單趟車程要兩個多小時，本來是洋基隊翻譯 Tim Lin 要接送我來回，但我在裁判訓練營的好友 Scott 則自告奮勇要帶我去，事實上他在訓練營後期幾乎是我的腳了……。

訓練營是非常痛苦的，早上六點半起床開始，通常到下午六點才下課，前三周是上午室內課、下午室外操練，後兩周則幾乎都在球場上，很多時間氣溫都低到十度出頭，怕冷的我時常包得跟忍者一樣，同學看到我都會說：「Hi，加藤！」他們對亞洲的認識很多是從電影《青蜂俠》的印象。體能訓練實在是非常痛苦，大家都會培養出戰鬥情誼，下課在晚餐後則要寫作業和準備隔天規則測驗，我也參加了讀書會一起寫作業，他們幫助我的英文、我則協助他們理解規則，講到這些規則和作業，我們亞洲人真的是厲害多了！一些同學還稱我為「Rule Queen」（規則女王），其中 Scott 就對規則很傷腦筋，我時常幫他複習、檢查作業。

此外，他也常自告奮勇載我去採購，平常噓寒問暖更是少不了，農曆過年前我的筆電充電器突然壞了，那是我和家人通話的必要工具啊！所以顧不得已經是晚上九點半了，第一時間我就去敲門找他幫忙，而他也開車載我去找了三家店，花了一個半小時才買到了充電器！農曆過年那幾天會特別想家，他知道後還跑了很多家店，試著要買應景兔年相關的裝飾與鞭炮想讓我開心點，這次我學聰明了，心理有猜到或許他是喜歡我的，可是我還是沒辦法喜歡上洋人，當他勸說我留在美國工作生活時，我開玩笑地說：「我真的不想在這裡養育我的小孩，不希望我的小孩會浪費食物又沒禮貌，還不會講台語！」

我真的是太小看美國人有多麼地勇敢了，就在我要返台的幾天前，他約我到旅館附近的牛排館用餐，那是我一個半月以來難得的美味大餐，但完全讓我出乎意料地是：「他竟然在餐後向我求婚！」一聽很多人說看到鬼的時候會軟腳，多年以來我都無法體會，可就在那一刻我完全知道那感覺了，除了腿軟之外還會一時間無法思考，至今我都想不起來當時是怎麼結束話題？印象裡只是幾乎要連滾帶爬地離開餐廳，本來我想自己跑回去旅館，但後來他還是很有風度載我回去，後來幾天的相處有些尷尬，這次驚嚇直到我回台好幾天後才平復。

被喜歡應該是很歡喜的事情，只是這幾年當中我的開心卻都夾著一份遺憾：我何嘗不想找到對象談戀愛，但「愛用國貨、不外銷」的一點小堅持有很超過嗎？不免有時候會感嘆造化弄人，搞不懂怎麼就沒能有 Made in Taiwan 的男性喜歡我？這份疑惑有時讓我覺得總是湊不成對的感情路是另類的坎坷，常搞不清楚是上天要給我教訓，要我別挑種族？還是要我堅持下去的考驗？終於能夠理解為何人們要去算命求籤，只是我仍未曾為此求神問卜或算命，心想：外國人沒在算命抽籤，結婚率也比我們高、離婚率有些還比較低呢！求偶一事再走著瞧吧！

總算等到 Made in Taiwan

才穿了幾次長裙去上班，天可憐見我連走路都彆扭吧？更別提上洗手間有多不自在沒多久我就在一次聚餐中認識個男孩子，他是我學姐在教會的朋友，由於學姊要請教這朋友的學長申請博士班的緣故，所以我作陪一同前往赴約，先前學姊曾向許多朋友推薦我的書《靈界的譯者》，這老兄翻了前面幾頁便向學姊抗議：「妳介紹這什麼怪力亂神的爛書啊？」這麼不巧讓我得知後，一定要好好照顧讀者囉！於是我用不笑就很臭的臉「請教」他：「你有把整本書看完了嗎？哪一點讓你覺得這本書是怪力亂神？」場面似乎弄得有些尷尬，他坦承並沒有把書看完，只是看了前半段就看不下去了，後來大部分時間除了聽學姊談博士班考試的準備之外，我大多時間是在聽他講數學和哲學。後來他曾想問我對鬼的定義等等，但我表示不想跟他聊這種話題，善者不辯、辯者不善嘛！初次見面的印象大概便是如此。

事後我才了解到學姊很熱心給我們製造機會，我們有很多機會一起吃飯、逛夜市，聊到棒球、武術和異國經驗就和諧多了，當他問起伊斯蘭教的內容時能講得又更多，我才發現我們有很多價值觀是相近的，我是空手道黑帶、他是柔道黑帶，我們都學過德文也喜歡德國，也對日本有一些旅遊經驗，同時喜歡認識不同的宗教，更是有棒球這個相同的喜好，所以我們交換了 MSN 並時常在網路上聊天，他小小的眼睛和圓滾滾的身材很討我喜歡，實在很難想像有人撐大時的眼睛還是跟我平時的眼睛一般大，也難怪他過去上學時會被老師罵說：「上課不要打瞌睡！」他只能無辜地回答：「老師，我的眼睛是睜開的啊！」

對他越產生好感之後，一日，他突然提議想要到球場看我執法，我心想：「不好吧？如果看過我站裁判還會喜歡我，搞不好是同性戀吧？」那個末他還真的搭捷運又走了半小時的路去河濱球場看我執法，只是第一時間他以為擔任主審的小學弟亦明就是我，這真的很傷人耶！我執法時就像個男孩子啊？？事後他向我的學姊表示，在球場執法，灰頭土臉、雄壯威武的我「很可愛」，只能說他的口味還挺特別的。所幸他看來真的很喜歡棒球，於是往後幾週我執法時，他會來球場送飲料，比賽進行期間便到一旁慢跑，有空時我便與他傳接球，相處的感覺挺不錯的。

一個月後他提議交往，我也就答應了！凡事總要嘗試第一次嘛！只是前提是我要保留自己的信仰，而交往的過程中也不要做出逾矩、有違教規的行為，當下他也答應了，直到隔天我以網路傳給他一堆伊斯蘭教的介紹，特別是男女交往、婚姻等教法規定，他從電腦的另一端傳來一句文字：「那根本什麼就不能做嘛～」據說當時還配有一陣哀號，只可惜他已經上了賊船，也不打算要跳船，於是我們便約定就試試看吧，這就是我的第一次戀愛。

這個決定我跟家人說了，也想知道家人有什麼意見，跟我爸爸說的時候，他從家門口一路笑到巷口，我在後頭追問：「到底怎麼樣啦？」但牛爸爸還是一路笑往公車站；牛媽媽就較難以接受，深怕未來與這位家無恆產的上班族生活會很辛苦，不過我希望媽媽不要一開始只看條件就反對，如果要符合：收入穩定、房產數套、身心健康、長相端正又不外遇的異性戀男性，而且還必須永遠不會變、不會倒，還得要不怕我會見鬼的狀況，算一算我也只能嫁給土地公了⋯⋯。

男女交往好像是照鏡子，一方在打量對方時，對方也是在盤算著，如果很在意對方是否有房產、名車，那對方也會在乎自己的條件，或許在經濟、家世或外表等這些條件都計算過後，會不會忘記當初交往的感覺與初衷呢？所以我覺得「價值觀」才是最重要的因素，家庭的價值觀、經濟的價值觀、工作的價值觀、乃至於信仰的價值觀等等；甚至是政治立場，都更應該是先前溝通與考量的因素，否則男生對男主外女主內和傳宗接代很堅持、女生則覺得順其自然就好，或是男生覺得創業當老闆好、女生覺得穩定工作比較重要，這些差異落差很大，未來要一起生活肯定會很辛苦，除了要費心費力溝通，妥協的還會有委屈，若沒有健康的抒發管道，壓力鍋遲早會爆炸的！

我這位第一次交往的台灣製異性活人，由於外表圓滾滾的，皮膚非常白皙，朋友初見的第一句話總是：「他比妳白耶！」站在我們一群棒球裁判夥伴中間，白到更像是會反光，於是連我的家人都習慣稱呼他為：「小白。」小白自從被我質疑怎麼沒看完我的書就做如此的批評呢？他便上部落格爬文，由於生性不喜愛靈異鬼怪之說，反而花了很多時間閱讀我的家庭記事、求學過程與心情抒發，他覺得我們在很多價值觀念上是相近的，所以很快便決定要對我告白，真的挺佩服他的勇敢，截至目前為止的兩年時光當然有爭吵，不過大概都能數得出來是那些事件，彼此都還在學習中。

交往先學空手道

前些時候執法時，我的右手肘被擦棒球直接命中，手臂內側全部瘀青的模樣很恐怖，有兩天我的手伸不直也提不了重物，朋友關心我的傷勢，被多問幾次後，乾脆回答：「被我男友打的！」豈料有人竟驚恐地問：「什麼？他在哪一家醫院？妳都已經這樣了，他一定很慘吧？」真是的……我的形象真的這麼差嗎？也難怪我老爸老早之前就說希望我找的對象能有些武術底子，不然至少要厚胖一點，看來是頗有先見之明。

看棒球的時候我很容易激動，某次在家裡看中華隊最後不幸飲恨的比賽轉播，一氣之下我用手痛擊客廳大理石的桌子數次，完全出乎意料的，桌子竟然從中央出現了裂縫！當時牛媽媽正在另一廳幫牛爸爸染頭髮，我在驚嚇之餘跑去問兩老該怎麼辦？他們皆不可置信地跟著到客廳看了之後，我到現在還記得牛媽媽手上拿著染髮劑、牛爸爸頭戴著浴帽、兩人嘴巴開開的樣子！我知道這次的禍真是闖大了……。

安靜數秒鐘後，我問老爸：「現在怎麼辦？」牛爸爸說：「怎麼辦？搬到妳房間去啊！」我畏畏縮縮地問：「搬去我房間做什麼？」老爸說：「如果以後有人要娶妳，就先去房間看看，這是妳看棒球盛怒之下徒手打破的，自己娶回去死活不論！」哎呀~讓我好尷尬啊！自此之後，「大理石桌子事件」就常被家人拿出來說，每次家人要我搬東西，而我嫌太重或太累時，家人就會舊事重提，其實還滿困擾的！最悲慘的是，大喇喇的我，在生活中也常失手搞破壞，以致老闆還曾問我：「妳怎麼力大無窮啊？」

牛媽媽一開始很難接受小白，甚至不太願意讓他入家門，可是圓滾滾的小白實在是太可愛了，沒有太久的時間，牛媽媽也開始喜歡煮飯餵食他，交往大半年之後，我的家人也很鼓勵小白一起去練空手道，由於他租屋處洗衣機很小，洗空手道道服很不方便，牛媽媽還提議那就練習後便先回我家，請牛媽媽連我的一起洗。一晚練習回家後，只見坐在一旁的牛媽媽拍拍小白的肩膀說：「雖然上班很累，但是你還是要認真去練習，牛媽媽會幫你洗道服，我好擔心你喔……」

是啦！空手道要學好，有個萬一的時候就能擋下幾招是幾招，但其實不論哪一種武術，習武之人其實才不動手呢！因為習武之人一定清楚自己出手後會有多嚴重的後果，我的空手道教練黃智勇先生就常告誡：「習武後更要謙虛柔軟，倘若控制不了自己的身心便是枉費習武，而動手傷了未曾習武之人，怎麼樣都是理虧。」小白才是白帶時，就已學會怎麼阻擋我的攻擊而能毫髮無傷，每當他激怒我時，一覺苗頭不對便會大喊：「教練說在道館之外出手打人要逐出師門喔！」我便能瞬間冷靜、深呼吸，此招至今尚未失靈，但我也心懷不軌，盼望他早日練習到咖啡帶，師姐我便可：好好地教導他什麼是自由對打！

男女交往除了有相近的價值觀與共同的興趣之外，能喜歡相同的運動是挺好的，不管是一起練習棒球或空手道，只是單純的傳接球或餵球打擊，或者是練習基本動作，這過程都很好玩，也能增添運動的樂趣，而且運動是永遠不會單調或休止的，雙方相處總是有話題，也永遠不會覺得無聊！唯一比較可惜的是，有時候小白見到我在家舉啞鈴時，偶爾會抱怨：「妳可不可以不要再練了？我會害怕……」哎呀，重量訓練是永無止盡的，疏於練習就會立刻發胖，是條不能回頭的不歸路啊！

與前靈媒交往的趣事

我們之間常聊到宗教信仰，但很少談到靈異鬼怪，小白對靈異神鬼之說的反感其來有自，因為他的親戚是以開神壇收驚為業，家族一些事情都看在眼裡，覺得人們有信仰很好但不要去迷信，這點與我的看法是不謀而合的，所以我們甚少聊到靈異神鬼，只是我媽媽很喜歡聽他念收驚的口訣，有時會被迫念幾段給牛媽媽聽，所以我會消遣他：「以後如果我們走投無路，那就來開一間神壇，我來通靈、你負責收驚吧！」只見他很努力用那小眼睛瞪我，我是建議如果真的他要表達生氣，那就拿手來撐大眼睛吧！

他未曾要我以通靈看東問西的，只是有次吃飯提到表姊週末因為家中長輩過世要趕回南部，隨口問我：「你猜猜看老人家是幾歲走的？」我在眼前浮現了畫面便回答：「九十六歲，好命了！」小眼睛的他又瞪大眼睛看我，看來是猜對了，我只好趕忙撇清：「呃……我跟死人比較有緣嘛！」他看起來更狐疑了，我只好更正說：「呃……不是啦！我是跟死人比較有話說！」這時候他連嘴巴都張開開的了，我努力想要澄清：「呃……其實應該是說死人喜歡跟我講話。」媽呀，場面氣氛又變得更怪了，最後我只好作罷：「好吧，我還是不要解釋好了。」

有次我朋友問他：「與當過靈媒的交往，有什麼印象深刻的事情？」他則提到有次辦公室長官為妻子的健康與夫妻的關係擔憂，他本想要問問看我做社工的看法？那時候我忙著開車，卻也同時說了他長官太太的長相與健康狀況，並提供了意見，隔日他回辦公室問了長官，恰巧描述都符合，我也提供了一些夫妻相處的書籍，很開心有正面的影響。此事讓小白第一次對通靈感到驚奇，同時也是很好的教訓，因為他說：「想到這件事情，就不敢在背後搞怪、幹壞事了！」

「見鬼」的現象有時也會讓他感到困擾，一次就要天黑時，我們一同去逛士林夜市，從中山北路走巷子往夜市方向過去時，我迎面撞上兩位女同學，除了關心我有沒有怎樣之外，也納悶怎麼我會迎面撞上、絲毫不閃躲？我解釋說：「現在一些女孩子把自己打扮得跟鬼一樣，我怎麼分得出來？」女孩子化煙燻妝，不是萬聖節也搞得跟屍體一樣，再者，那天我因為白天站主審，所以戴了一整天隱形眼鏡，眼睛已經感到疲累，所以天黑時誤認了，實在不是有意的，直到現在我還是不喜歡夜間開車，至今有時候還是會有閃躲的小動作。

小白也很快學會應用「見鬼」的好處，有次在晚上十點半趕著去台北地下街買東西，因為擔心商店要關了，所以車子隨便停在市民大道地下停車場，沒有注意停在哪一區、哪一號？便急急忙忙衝去商場，半個多小時後任務失敗，要去的商店都打烊了，正準備回去牽車時才發現不記得停在哪裡？我很得意說：「就在前面柱子後面就是了！」有人很奇怪怎麼景觀都差不多還會知道柱子之後是我們的車子呢？我說：「因為剛剛下車時有位穿蓑衣的女鬼，現在還站在那裡啊！如果這段時間女鬼都沒移動，那我們的車子就是在柱子後面沒錯了！」友人沛淇很用力往我手臂上一打，然後趕緊上車、開走，一路上都很安靜。我還以為我是功臣耶，結果不但沒說謝謝還打我？此後當我再去地下停車場停車時，要小白幫忙記地下的號碼，他就說：「妳就看附近有沒有鬼就好啦！」笨！如果鬼走掉了呢？

由於過去的生活經驗，看到廟宇還是倍感親切，除了帶外國朋友去導覽廟寺之外，有機會到外地走走，我也喜歡去各地的廟寺參觀，我喜歡去看看那裡的雕刻，不論是神像或是雕梁畫棟，有次小白問我：「妳是不是想找以前的朋友？」我說：

「我沒想過這個問題，但是還真的會留意一下，可惜未曾再見過。」他繼續追問下去是哪個朋友，起初的納悶到後面的明白：「原來他想問的是李保延大哥㉛！」我顧不得人還在公開場合，直問：「你在吃醋嗎？你在跟一個鬼吃醋嗎？」真是天殺的！照李大哥的講法，他都已經死兩次了，還要跟他吃醋？

我很喜歡光華商場附近小巷弄裡面一家素食店，午餐時間常去那用餐，小白也常搭公車過去和我一起用午餐，而餐廳正對面是家販賣ＡＶ女優光碟的店鋪，門口還掛著「未滿十八歲禁止進入」，我很好奇地問小白：「這種店裡面長得什麼樣子？店家真的不讓未成年的進去嗎？」小白說：「我沒進去過，怎麼會知道？」然後還強調大學時候同學轉寄給他時，心中有多氣憤不屑！當然我心中是滿腹的問號，沒吃過豬肉也看過豬走路，好歹我也是社工背景出身、輔導過未成年從事性交易的社工啊！事隔幾天我們在同家餐廳用中餐時，我又想起這件事情便問：「你長得很像高中生，你去這種店裡消費，店家會要求驗你的身分證件嗎？」小白一副很

㉛過去我開宮廟時，就是由他幫助我通靈看病的無形界夥伴。

世故的回答：「不可能啦！都嘛是收錢認鈔票，從來沒問過我幾歲？更沒有要求看過證件。」雖然我面帶微笑，但其實肚子已經笑到快抽筋……。

小白未曾發現這樣回答有何不妥？我也忍耐著沒表現出來或告訴他，但是很多朋友都聽過這段故事，其實我本來有些猶豫要不要寫出這故事，小白恐怕會不高興一陣子，醋罈子不小的他更可能會碎念很久，但這故事最能表達他其實沒什麼心機，是個很「真」的漢子，所以對於「靈異」、「鬼神」或「靈媒」之事，也是以平常心對待，這點我是非常喜歡的。

希望不曾把我先前兩本書完整地看完的他，也能繼續保持這傳統，不要看到這一段，也請認識小白的朋友不要刻意告訴他，實在不想給他尷尬、失面子，倘若是被他發現的處理備案，那就是往好處想，或許小眼睛的他可以藉此機會戴上隱形眼鏡：趁他生氣眼睛瞪大的時候，趕快塞進隱形眼鏡，我看他除非要受到重大刺激而撐大眼睛，不然一輩子都戴不進去吧？

索非亞看兩性交往

一般來說，談戀愛的時候ＩＱ與ＥＱ的表現都會降低，與熱戀的程度成反比，我的情況也不例外。交往的時期有甜甜蜜蜜，說著幼稚又白癡的對話，但稍有不順心時，反彈的力道也會猶如火山爆發一樣劇烈，過去我看著情侶、夫妻吵架，有時候覺得事情並沒有嚴重到要吵成那樣，至少先好好溝通，吵成那樣還是無助於解決問題啊！我不喜歡吵架，所以交往時就跟男友說：「有什麼事情都心平氣和的溝通，不要大吵大鬧也不要賭氣冷戰好嗎？」這是我們的共識，但是，我發現該吵的也沒少過……。

一、培養相處的默契，避免爭吵的關鍵字很好用

記得第一回吵架是在基隆，本來相約週末去走走，看看大海也看看山，豈料才到了那裡沒多久，他老兄便很開心地向我介紹：「上次來基隆玩，我學長就是請我和我的女朋友去那家飯店吃自助餐，超級好吃的！」起初我以為是自己聽錯，但他

那天心情似乎大好，很熱情繼續向我解說他上回來基隆與女朋友做了什麼？左一句「我和我女朋友」、右一句「我女朋友和我」，一時間我以為我是和哥們一起來玩的吧？

當晚我並沒有發作，只是覺得很困惑，儘管心裡覺得不高興，但畢竟是第一次談戀愛，搞不清楚這是否算正常？我跟他表示心情不好想早點回去，回家後便打個簡訊請教有談戀愛經驗的昭君學姊，這到底是什麼狀況呢？學姊鼓勵我要當面溝通，我也非常同意，於是鼓起勇氣告訴他：「我覺得在面前一直講『我的女友』讓我很不舒服，那會讓我覺得不知道自己算什麼？而且我也沒興趣了解你們過去做了什麼？倘若你是要找個替代品請早說，我要換個想專心與我本人交往的男友。」

他也表示這是他「第一次交第二個女朋友」，所以不察有此地雷，未來會很小心注意，這點他倒是真的說到做到，不但此後不再犯過，就算之後不小心說溜嘴時，也會馬上消音，例如：「這條路我之前和我（馬上消音無聲），太陽這樣照真的很熱。」這種不完整或牛頭不對馬嘴的句子，我就知道發生什麼事情，雖然會有小尷尬但我也收到他的用心，只是後來這老兄越來越厲害，不但不再出現過說溜嘴，甚至連我一時興起想問他過去，他也會馬上眼神呆滯、瞬間失智，我也不繼續找他麻煩了。

出現衝突未必是件壞事，有時台灣人因為不喜歡衝突場面，所以會盡量隱忍包容，短時間看來是免去了衝突也彰顯美德，但這衝突的因素若沒有處理和宣洩的管道，悶在壓力鍋裡是遲早會爆炸的，所以人與人之間最好能有健康的溝通方式，親人與配偶也是一樣，倘若不習慣當面談也能用寫信、簡訊等方式，盡量不要請第三人轉達，尤其是兩人的關係實在不適宜有第三人介入之外，當面溝通都會誤會了，由他人轉達更是會產生落差，有時還會把誤會擴大。

再者，夫妻之間常拿小孩當通訊兵：「叫妳爸過來吃飯！」、「跟妳媽說車子要去保養了。」同住一個屋簷下就連生活瑣事都不肯對談，倒楣的就是小孩子，這是哪門子的身教、家教？等自己孩子未來也學會有衝突時便與另一半冷戰，當爸媽的是要用什麼立場去勸和呢？

好朋友之間會有默契，夫妻和情侶之間難道就沒有嗎？雖然為了處理基隆這件事得提出很大的勇氣和力氣，不過事後覺得很值得，除了藉此了解彼此的想法，也學會了處理衝突的默契：此後當我要打翻醋罈子了，或者他做了白目的言行，我便會說那個神奇的關鍵字：「基隆！」當下兩人便會先冷靜，讓接下來的話語是經過大腦才出口，而非任憑言語如同利刃毒箭四射，人心是用肉做的，受傷後雖然會復原，但卻總會留下疤痕，只是大小深淺不一罷了，所以為何要傷了彼此，再找神明、小鬼或法術來挽回感情呢？倘若只要花錢就能驅使鬼神挽回感情，使配偶、情人不外遇、不變心，這世界早就成了西方極樂世界了吧？

二、不要拿死穴去驗證對方是否愛我

某次我應邀去花蓮演講，由於那陣子事情過多、行程有不少變動，時間接近時卻已訂不到火車票，所以決定自己與友人當天開車來回，除了演講本身就很累人之外，來回開這趟蘇花公路也很疲累，凌晨一點半還沒能到家，豈料我接到男友電話表示：「我要去睡了，就不打給妳了，妳也不用打過來，晚安。」聽完電話讓我精神大振：「什麼？不關心這趟行程累不累就算了，連我的安危也不顧了？甚至還嫌我報平安是吵他嗎？」這精神大振是因為怒氣衝腦，根本是患難見真情啊！不好好處理怎麼得了？

等隔日兩人休息完畢，我要好好了解他這樣說的理由？除了他本身就比較重視睡眠之外，那陣子他母親來台北旅遊，要上班又要陪同的他就已經很累了，加上睡同一間的母親也不好入眠，都要服用安眠藥輔助，他一方面已經撐不住快睡著了；二方面則擔心電話或簡訊一來，自己爬不起來還會吵醒已入睡的媽媽，最後則是覺得我應該也很疲累，回家後就趕緊休息，別再花力氣打簡訊電話報平安了。雖然這些理由我能夠理解，但是心情上還是難以接受，總覺得這表示你的睡覺比我的安危重要，怎麼能與這樣的人交往或共度一生呢？

為此，我認真考慮應該要分手，儘管相處上沒有問題，但發生事件時暴露出來的心態，讓我很無法接受，就算他事後得知我的不悅後，再三保證不會再犯，以後就算等到凌晨也會等，可是我心裡已經有了疙瘩，很難放下。此事我告訴了大學教授陳圭如老師，她聽完後竟罵了我一頓：「妳明明就知道演講結束後會很累、很晚，為什麼不住一晚再回來？把自己搞得很累就算了，為什麼要別人也跟妳一起累？只站自己立場想，太自私了吧？」此番話一出就像當頭棒喝，心中陰霾頓時被陽光曬亮了！也是啊，為何我就只執著單一事件，硬是要抹煞對方所有努力，並由自己去論斷他人的心意，說別人不愛我的同時，難道我就有愛對方嗎？

正所謂風水輪流轉，此事我決定擱著之後，空有駕照但不敢上路開車的他，希望我有空能陪他練車，於是在週日棒球比賽結束後，我們到河濱停車場的空曠處練習，只是我的車子是輛手排老爺車，加上教人開車時總是會出現另一種暴怒的人格，練習前便約法三章：「今天練習若熄火三次就結束喔！」省得一直熄火引發我的暴力傾向。結果車子還沒有繞完一圈，車子就熄火三次，我面帶微笑說：「下車吧！換我開囉！」他也只能無奈地換回副駕駛座，我建議他還是從自排車開始練習好了，至少入手能快一點，不要那麼沒有成就感。

其實我知道他是想要繼續練習的，可是對此我真的很沒有耐心，所以我告訴他：「我已經開車很多年，對於教新手開車很沒有耐性，無法理解為什麼開車會有那麼多困難？雖然我知道你想繼續練習，但是我實在不想繼續，只是這不代表我不愛你，可否不要拿『是否願意陪你練車』當成我是否愛你的標準？不然我們彼此都會對結果很失望的。」這個理由他也接受了，畢竟我有好吃的也會分享給他、撥時間陪他去聽音樂會，有很多方式關心他，就除了開車以外。後來我很開心他接受這個共識，倘若他要一直「盧」我：不陪他學開車就是不愛他！那這段感情還真的有得吵了！

我們的父母、手足或子女是因為血緣關係而成為一家人，但丈夫或妻子卻是家庭中唯一沒有血緣關係的親人，同樣基因生產的都會不一樣了，更何況是兩個成長背景的異性呢？有歧見、會吵架是肯定的！能否長久和諧地走下去，則要靠雙方的容忍與溝通，愛一個人的表現有很多種，為何他做到了九十九種後，卻因為做不到妳在意的一種，就抹煞其他努力呢？倘若對方也這樣要求妳，而我們自己做不到時又該如何呢？我覺得兩人之間的交往，除了健康地正面溝通，請對方能在某方面配合自己之外，也要體諒對方的狀況，因為自己也是會有被期待的時候。

過去在宮廟聽到家庭糾紛時，時常是雙方對於對方某個點過不去，先生講太太的不是、太太怪罪先生的那些缺點，各自覺得氣憤也自認委屈，埋怨他人看不到自己的付出時，一旁觀戰的我也納悶：那妳有感恩對方的付出嗎？還是別人的付出是理所當然的，妳的就要寫海報掛在牆上呢？所以請不要為難神明給你個事事順心如意的先生或太太，我很怕他的另一半會生出病或意外，因為只有植物人保證不會頂嘴或碎碎念，不然就是賜一具充氣娃娃就百依百順了。妳的另一半既然像妳是個會呼吸的活人，那就將心比心對待他吧！

三、認錯是最快的下台階方式、幽默是最好潤滑劑

我個人很不喜歡「遲到」，雖然我不是不曾遲到，但會對自己的遲到感覺內疚，也會對他人的遲到在意，偏偏這位小白先生天性就是慢條斯理，約會十次就有七次遲到，不過若是他確定會晚到有先告訴我也就無所謂，人總有不方便的時候。有次約好觀賞京劇，遲到了就會錯過前面的表演，於是我千叮嚀萬交代，表演前一小時再打電話去叮嚀，他老兄也保證不會遲到！結果還是遲到了十五分鐘，表演即將開始也不便發作，豈料不喜歡京劇的他，卻指著帥氣逼人武將們的翎子說：「好像蟑螂喔！」當下我真想去扯他兩頰的嘴邊肉洩憤！

看完戲我因為生氣所以不讓他送我回去，隔天本來約好的晚餐也取消，因為我在怒氣未消前實在不想見他，已經為了遲到不高興，我不接受隔天又遲到！不過他

也在電話中直嗆：「妳不喜歡我遲到，那以後都不要再約就都不會遲到！」沒多久再傳來簡訊要休了我，我也沒考慮超過五秒鐘，也馬上回覆簡訊同意分手。我生氣的不只是遲到這件事，而是生氣一小時前才剛確認的也黃牛，遲到後不但不道歉，還理直氣壯都是別人的錯：買晚餐的速食店太多人、哥哥來家裡住、回辦公室加班、甚至是我不喜歡他常搭計程車也是導致他遲到的原因之一，總之都是別人的錯，而與自己沒有掌握好時間無關。

當我同意分手的簡訊傳過去後，雖然很快就接到回覆的道歉電話，這也是令我很不開心的：「把分手當作籌碼或口頭禪隨便出口。」若分手可以這麼容易提出來，那表示這段關係也是很輕易的囉？我已打定主意回家整理他借給我和我爸的影片，以及空手道服，由於再過兩天我就要去美國比賽，當晚就連絡好友人在我出國前拿給他。或許是巧合吧？隔天正巧適逢伊斯蘭教的齋戒月，一向很重視要吃飽喝足的他來輸誠：「我今天也有齋戒喔！」果真是宗教信仰力量大，本來鐵了心的我也就接受他的道歉了，唉，齋戒月總是心軟一點，再者，對方也已經誠心的認錯，何苦繼續刁難下去、僵在那裡？

只是那袋私人物品已經交給友人，小白隔日很得意聯絡友人說：「我們已經和好了！」換來友人笑說：「沒關係，我們也都是這樣，生氣的時候就把對方的東西全部打包，所以後來都乾脆放在固定的櫃子，要扔回去的時候就很快了。」截至目前為止，分手打包倒是沒再出現，但是遲到仍不免會發生，只是他已經懂得不牽拖、直接道歉，我也有自處之道：向來不太能吃辣的他，每當再發生遲到事件，我便去買加了辣味的食物請他當晚餐，基於遲到的歉意他一定會吃下去，但也保證隔日會有一整天的輕微腹瀉，讓他每去一次廁所就能提醒自己守時的重要性！而我在心情上也挺能洩憤的，幽默真的是產生煩惱時最好的潤滑劑。

四、交往是兩人的情投意合，旁人常關心的少、看笑話的多

喜歡運動的我時常忍不住口腹之慾，總喜歡喝清涼的飲料，假日在練球時，一旁的王美姊總會碎念我們：「一個個都愛喝冰的飲料，看妳們老的時候怎麼辦？」我們總當是耳邊風，繼續把涼水往嘴裡灌，人生苦短嘛！但我的子宮卻不這麼想，不用等到老的時候了，其實每個月當它拿到發言權時，就會很激烈地向我抗議，雖

然當下會有點後悔，可是等手上拿到飲料時，還是會對自己說：「二十八比一，二十八天的快樂換一天的痛苦，值得啦！」只是當那天發作時，旁人都會罵我：「活該、自找的」，可我還是要頂嘴：「為什麼女生喝冰的會生理痛，男生喝就不會陽痿？」

這問題自青春期後我就會每個月被迫想一次，近來我終於接受「男女有別」的事實，兩性平等不是要把女生搞得像男生或把男生弄得像女生，而是能以各自的性別活得自在，例如以性別作為條件的區隔是不該被忍受的歧視，例如因為是女生所以沒有選舉權，或者因為是男生所以不能擔任護士等；而條件上的平等也未必就是實質上的平等，例如過去婦女力爭的工作權，雖然女性工作已是理所當然，但是卻面臨同工不同酬、沒有相等升遷機會的劣勢，當男性工作傑出有成就卻忽略家庭時，社會上多半能給予男性體諒，反之傑出女性她忽略了家庭或選擇單身時，社會上卻不如此相同看待，也就是當女性想贏得工作上的掌聲時，兼顧家庭卻是必備的條件，才不會被蒙上一層陰影，女性就算能自由地獲得工作權，但也未必是全然的平等。

這是文化的使然也是生理特質上的落差，所以我認為不該把男性或女性設為標準點，要求兩者都要相同，而是不予以設限，然後追求自在的發揮。例如有些人覺得女生應該去打壘球而不是棒球，因為女生條件上是打不好棒球的，此說若是成立，那麼全世界只有美國大聯盟有資格打棒球囉？因為其他的球隊強度也不夠啊？應該是每個人都有追求自己興趣與夢想的權利，能發揮到什麼程度則是個人的事，沒有什麼性別就該是如此的設限，也沒有必要設限兩性就要完全相同，有些女性天生就有剛強的特質、部分男性則有陰柔的性格，只要他們活得自在，不需要拿「性別」來增添煩惱。

老師覺得我和男友的交往很有趣：「一個特質像男生的女生和一個特質像女生的男生在一起。」他喜歡我的自信與毅力，我欣賞他的溫柔與內斂，倘若硬要我嬌弱、要他威武雄壯，對於彼此都很痛苦，為什麼就一定要配合「大家覺得應該如何」，感情是兩個人的事、婚姻是兩家人的事，關「大家」什麼事情？如果這段交往得要連大眾意見都考慮，那以後結婚登記得要附上民意調查結果，支持者的比例要多於反對者，才能完成登記？

五、用心經營關係與謹慎挑選對象一樣重要

台灣目前生育率與結婚率都偏低，但不論男性或女性多半不是一開始便決定單身，許多是找不到「適合的」對象，難道是天上的紅線缺貨讓月下老人無法開工嗎？讓這麼多男男女女，已經很努力祈求還找不到對象？我覺得是大家面對這麼高的離婚率與外遇事件，都希望能對婚姻、感情慎重其事，所以要小心謹慎、精挑細選，慎重當然是好事，但若把交往採「條件主義」，談戀愛之前就先得審核條件必須過關，也難怪單身者會這麼多了，妳會挑別人、難道別人就不會挑妳嗎？

我覺得有不少人花了太多力氣審核交往前的條件，「得手後」卻忽略了兩人關係的經營，其實人是隨時都在變動的，剛剛想要吃麵，走出辦公室卻往麥當勞走，最後則坐下來吃了自助餐？當初我和男友交往時，他還不是穆斯林，但是交往沒三個月後，我發現自己的感覺是肯定要嫁給同信仰的人，畢竟相近的價值觀對於往後的生活和諧很重要，在交往後才更體認到自己有多在意，為此我希望與男友早點談清楚，也不能拖下去而耽誤到他。為此，我們很沉重提了分手，他很生氣當初我自己說只要尊重我的信仰就好，怎麼可以變成一定要丈夫是穆斯林，痛罵我：「妳是

個愛情的騙子！」

這確實是我的不對，我向他道歉並表示：「當初我以為我不那麼在意，可是交往後才越發覺得自己有多過不去，沒有遇到之前，用想得都覺得沒關係，遇到了才知道啊！」我的心意已決，分手這個燙手芋變成在他手上，不過他考慮才不到一天，便決定也要成為穆斯林，但我覺得一時衝動不好，又花了兩個多月的時間確認他的心意，才讓他正式入教成為穆斯林。當然我是再高興不過的，我們的關係又更近了一步，其中不可取代的，更是彼此為了磨合所做的努力，在雙方還不認識時會打量對方的條件，條件符合理想時當然是有助於培養感情的好事，但一起克服困難、努力經營情感所產生的愛，與比評條件符合理想時的喜愛，是完全不一樣的。

這個社會變得太商業化了，金錢的買賣模式汙染宗教信仰也波及兩性交往，「看條件」固然很重要，但花這麼多心思挑選後，獲得的對象就不必努力經營了嗎？我是會改變的人、難道對方不是嗎？情話綿綿、山盟海誓是真的！當下是真的這樣想，但是不保證未來不會改變。拜託，地球的地貌和氣候都會改變了、南北極的冰山都會融化了，妳要人都不會改變嗎？妳求神明挽回對方的感情、回到剛交往的時候一樣，那不等於是拜託神明讓時光倒轉嗎？這是可以在電影裡面看到啦，現實生活中就各自保重吧！

關係是要靠經營的，如果能拿出追求時的用心和熱情，來經營到手後的兩人世界，我相信彼此的關係只會更深厚、情誼有增無減；反之，很努力去挑選理想中的對象，第一層風險是有找不到的機率，第二層風險是對方不見得看得上妳，第三層風險則是對方一定會改變，就如同我們自己也是會改變的。很認真挑了一件理想尺寸的衣服，難道一輩子都不必清洗、保養，就會永遠都合身嗎？就算衣服沒有變形，妳的體態是四十年都不變嗎？剛交往時只要吃夜市就很甜蜜，要結婚則要有房有車，對方也是會感到困擾，情感不補充也是會用完的。

如果你在意感情世界，希望有美滿的婚姻，那就請一起用同樣熱度的努力去經營啊！但請記得這是「兩個人」的世界，有妳、也有他，自己有想法、也聽聽對方的想法，面對感情生變有困難時，妳想求神明法術挽回感情，他可能在另一間宮廟問妳是否卡到陰？完全無法溝通的人就像是變成一個不認識的人，這跟卡到陰有什麼差別呢？神是慈悲的，對於我們芸芸眾生總是慈愛的，因此神給我們的試煉，決不會超過我們所能承受的範圍，感情的考驗也是。

婚姻莫忘主體性

記得牛媽牛姊曾好心勸我：「妳找男人眼睛要放亮一點，帶來給我們有經驗的先看，我們不會害妳的！」雖然我肯定相信牛媽牛姊很愛我，不過我還是婉拒了，理由是：「我領教過妳們看男人的眼光，我看我還是自己操盤、盈虧自負好了！」雖然我為了這句話，臉上被丟了椅墊，但是我還是相信：自己選了、自己認了比較合理。

話說以前我在辦公室是個鋼鐵助教，一板一眼、不怒而威，正所謂物極必反，很多人期盼我走入婚姻以求解脫，我笑稱是否有個暗盤，倘若能讓我嫁出去者可以賭金全拿？不過就感情這方面，我很有信心可以任憑笑罵揶揄還能照著自己的步調處理，過去在宮廟看了形形色色的人與各種家庭問題，對於我自己的婚姻與家庭，心裡也有了盤算：對於另一半的期待希望是「可溝通」，對自己的防線則是「主體性」。

人和人之間的相處可以很簡單但往往很困難，相處起來沒有碰撞磨擦是不可能的，所以婚姻的維繫和品質不在於尋覓一位完美適合的對象，而是兩人努力的溝通磨合，所以雙方都必須有彈性的空間才容得下差異與碰撞，因此對象最基本也最重要是要有「可溝通」的默契，否則硬梆梆地無可協調，未來勢必妳只能一直退讓，在婚姻中只有單方面的退讓，可以想見結果、或者說後果吧！

在婚姻中有時會見到夫妻之間，只有一方不停忍讓、為對方設想，短時間內由於單方面不斷地容忍，當然不會產生衝突，但是一段時間之後未必會是幸福，夫妻的情感就像是存摺，不能只有出、沒有進，自覺付出過多的人很委屈，要對方配合的則理所當然：畢竟也沒聽過抱怨或不滿，怎麼會知道對方不開心呢？常見有個案是先生總覺得太太沒用，覺得自己行情很好，太太則是從早做到晚，甚至不惜當個女兒賊，結局就是雙方互相怨懟，不能總說肯定是一方不對，畢竟先生又不是太太肚子裡的蛔蟲，不說怎麼能明白太太的付出啊？電視劇裡面的男主角都能夠體會，那是因為他已經看過劇本、對過台詞，所以就別自己想著對方應該要看到妳的努力，也去當面溝通、對個劇本吧！讓對方也知道你的感受和需要。

回過頭來說，在熱戀的期間，心裡會願意為對方付出一切，那一刻的感覺是真實的，只不過好像熱戀的感覺很難持續天長地久，在還沒有發明疫苗注射或口服，可以支持妳天天愛得無怨無悔之前，有些事情還是要冷靜思考一下，特別像政治、宗教這種流在血液中的信仰，您是因為愛而暫時妥協？還是真的可以融入這樣的生活型態？婚姻是生活、是相處，不是一天見面兩小時就了事，長久之計還是要培養出相處的默契與溝通的模式，有健康的溝通才有長久幸福的婚姻，趁先生或太太還活著的時候直接去講就好，不需要透過小鬼、法術或神明啦！

婚姻當中除了為對方付出、關懷對方的需要之外，也要把部分眼光放在自己身上，想弄清楚對方的期待與回應妳的需求時，也要清楚自己能給什麼、想要什麼吧？清楚明白地認識自己、知覺自己便是「主體性」，當一個人主體性不夠完整健康時，旁人的眼光、互動都會大力撼動到自己、產生很大的情緒波動，比方說：做人可以當成一棵大樹，也能像汪洋波浪中的一條破船，有主體性不代表不會遇到風浪波折，但是至少在無法控制的外在環境下，能盡量維持穩定的內在身心。

我很討厭吵架衝突，因為吵架一定是帶有情緒的，帶有情緒是能有什麼正向的溝通呢？相罵無好話，不就是兩方大打迷糊仗嗎？「指責」對方、找個替罪羔羊很好用，因為躲在後面就不會看到自己的問題，只是這問題就真的解決了嗎？固執己見爭吵不但不能說服對方、解決問題，甚至會越罵越氣，就連情緒抒發的功能都達不到，不過這不代表我沒有情緒，相反的我可是個性情中人，動不動就控制不了而火冒三丈，只是我會努力去意識到：「我在生氣耶！那生氣時可不要做決定，如果現在生氣無法思考做決定，那就先把氣生完吧！」生氣的時候不忘清醒地想：「除了生氣之外，我接下來要怎麼處理？」

主體性較弱者相對的便容易受外在影響，別人說東覺得對、說西也覺得有道理，像是父子騎驢一樣，怎麼做都不自在，一個人時常受外在環境牽引，又怎能看清目標、穩定發展呢？媽媽說要把先生「壓落底」就不怕他亂來、姊妹淘說男人要給他留點面子，不然就會去找紅顏知己，妳問到了這麼多意見，有沒有問過先生想要什麼樣的婚姻與家庭呢？甚至，妳有沒有問過自己，自己想要的婚姻與家庭是怎樣的面貌呢？主體性就是讓人能保有彈性，健康地看見自己，也看見別人。

每個人的生命都是獨一無二的，能掌握的也只有眼前當下，有時候人都無法看清自己了，更何況是知曉對方，同床睡二十年又如何？很多人活了五十年，也不知道自己在活什麼？為何而苦？燃清香祈求解決困難、燒紙錢達成心中慾望的同時，何不來個一勞永逸的做法：究竟如何才能獲得解脫呢？面對困難時不再煩惱、慾望攻心時不再迷失，婚姻既是人生中非常重要的課題，便也值得我們非常努力的去經營。

行走宮廟神壇可以聽到許多不幸的婚姻故事，也能耳聞斬桃花或挽回感情的神奇法力，不過最重要的還是妳自己本身的那一個，千千萬萬的故事也無法增添妳在感情路上的幸福或失落難過時候的安慰，在沒有宗教人士能販售妳政府有認證的「婚姻美滿險」之前，我們就先自己來累積幸福存摺吧！

索菲亞紙上會客室

Q： 夫妻宮好的人才會有美滿的正緣？如何才能知道他（她）是不是我的正緣？人是否可以預約／相約下一世的愛情緣分？

A： 男女感情走到明媒正娶的婚姻歸宿是受大家所祝福的，這份有好結果的感情就被稱作「正緣」，倘若有緣分卻無法步入禮堂，就被稱作「有緣無分」，形容男女之間感情除了緣分之外，也有些人會稱之為桃花，期待中的緣分稱作「正桃花」，招惹來困擾的異性關係，例如外遇就被稱作「爛桃花」，簡單地說，就是一般用來形容緣分的說法，界定的標準就是「成者為王、敗者為寇」，很多人結婚時是山盟海誓，但結婚數年後又覺得原本以為是「正緣」的婚姻，又變成極想逃開的「孽緣」了！

在東南亞非常盛行「愛情咒」的說法，所以女性常被告誡千萬不要食用不明來路的食物，離開位置時也要注意飲料被「加料」的風險，最好是都不要離開視線並且只喝完整包裝的飲料，萬一不小心喝到被下了愛情咒的飲料，就會瘋狂愛上對方，傳說有女孩子已經結婚生子多年，某日「突然清醒後」，才發現怎麼自己身處陌生的地方，還跟陌生人或不愛的人生了好幾個孩子！不過當我去東南亞聽聞這種傳說時，只覺得這不只發生在東南亞，其實不需要什麼愛情咒，很多夫妻都會問我：「當初我一定喝到符水還是卡到陰，所以才會嫁（或娶）他（她）吧？」

為了以後不感到「後悔」，現代人很「聰明」地及早預防，最好是能確定不會與對方離異再來結婚，所以許多人在擇偶時會把生辰八字列入考慮，確定對方是「正緣」再深入交往，一點都不浪費投資，不會幫別人養老婆、教老公。

可是您要知道，「婚姻」是人們所設立的制度，既然是人所訂的遊戲規則，自然也會有更改的空間，台灣的婚姻相關法令不就經過多次修改以符合民情嗎？除了現今普遍的一夫一妻制，世界上還存有各種婚姻型態：一夫多妻、一妻多夫乃至於母系社會，「正緣」又該如何定義呢？

我曾跟我姊姊的小孩講封神榜故事，某個夏日的午後，天空正下雨打雷，才念幼稚園的弟弟小剛問爸爸：「現在是雷公在打雷嗎？」我姊夫說：「對啊！」小剛接著問：「那沒有雷公之前是雷震子在打雷的嗎？」我姊夫想想後便說：「是啊！」接著小剛又問：「那沒有雷震子之前是誰在打雷啊？」想了更久之後我姊夫突然茅塞頓開：「沒有雷震子之前，地球不會打雷啦！」各位可以想像，我的這個寶貝小剛，從小反應和想像力都很好，就是學業成績就連中等都追不上。

面對這個世界，人們為了解釋各種現象而有了各種說法，反映著該文化的價值觀，這可以幫助我們去理解這個世界，但不代表這些解釋就是全部。面對人類各種慾望，我們有不同的神明供我們祈求、膜拜，感情與婚姻也不例外，渴望婚姻美滿、不要失敗是很好的，這表示我們對婚姻的看重，但婚姻是動態的過程，隨著兩人的互動而有變化，可能變壞也可能更甜蜜，端賴於兩人如何去經營，而不是在結婚的那一刻就決定了婚姻成敗，婚姻的經營就像是存摺一樣，努力經營就會增加存款，糟蹋對方就是透支彼此的愛，難道你可以在一開戶的時候，就保證這存摺的結餘永遠都不變嗎？

是否為「正緣」是取決於兩人對感情的經營，許多一開始不被祝福的夫妻，也都能用時間證明自己是佳偶，正緣或孽緣端賴於兩個人的心態。至於是否能「預約」，我是建議別想太多了，倘若真的有下一世，兩人可以控制彼此生日不要差太多嗎？

就算年齡不是差距，那兩人能保證性別不會搞錯嗎？就算未來同性戀不再備受歧視並受祝福，你們能保證之後大家都是人嗎？我相信至少在這個世紀，甚至下個世紀裡，人獸戀是不會到祝福的！所以，要相約便約這輩子吧，生吃都不夠了還要曬乾啊（台語）！

第二篇

索非亞觀點解答感情問事！

27個常見感情面的疑難雜症，不論在親情、愛情或是民間習俗上，都有著你我曾經聽過的口耳相傳、以訛傳訛或似是而非的觀念，在這裡一次完整解答，避免日後被不實的觀念所誤導。

一、親情篇

Q01：有一說，孩子是來跟父母要債的？

A：如果有人常把這句話掛在嘴邊，把自己的子女當作是冤親債主，我只能遺憾他太不珍惜自己的福報了！有這種「要債」的想法，應屬於佛教中的「因果業報說」，「業」（Karma）的觀念則源自於印度宗教中的普遍基本觀念，即佛教、印度教、耆那與錫克教等等，隨著佛教傳到中國，因果業報說則被道教吸納成為「承負說」，只是道教主張的是個人的命運禍福是為祖先善惡所影響，自己的積福造業則會影響子孫運勢，正所謂「積善之家必有餘慶、積不善之家必有餘殃」，而佛教則主張個人的業報輪迴、自作自受，今日總總為過去累世所種的因，未來的一切則取決於今日的行為，每個人要為自己的生命負責任。

因此，做為人的目標與過程就是來「受報、還願、發願」的。此生所發生的種種為過去自己的作為所定，身邊的親朋好友也都是過去的因緣所形成，不會無緣無故成了彼此的配偶、父母或手足，既然是自己所造的業，當然要理所當然地負責任，扮演好每一個角色：父親、母親、兒子、女兒、兄弟姊妹，乃至於職場、生活經驗中的師長、學生、朋友、雇主或顧客等，每個人有自己的角色，當嘗各自的因果業報，能讓關係與結果更好，便是還了業報也是種了福田，搞砸了關係，則會在未來有更不好的糾纏。

人們在日常生活中其實不管是意識到或沒有意識到，都時常是在「發願」的，例如：我希望能找個好對象、我想要晚上吃大餐、我期望工作能升遷、我祈求父母身體健康……，不常察覺到的發願還有：希望廁所有衛生紙、拜託中華隊能贏球、真想青春痘快點好，好想明天出去玩是好天氣……，人有了「發願」的意念，就會往「還願」的方向走：不論是各種的祈求方式，或者是往發願的目標去行動。因此，人的「起心動念」是非常重要的，發願會產生「願力」，雖然不至於有心想事成的神效，但至少一定有帶動生命方向的效果。

如果常覺得「孩子是來跟父母要債的」這種想法，我會勸那個人趕緊換個願望吧！時常這樣想，恐怕親子的關係就會往那個方向走，很多人回憶起與父母的感情，不是常聽到：「雖然彼此的互動沒有言語，但卻能感受對方的心意。」人與人之間的互動就是如此奧妙，倘若老是覺得孩子是來討債的，這種意念不斷影響著親子的互動，久而久之孩子也會表現的像個債主囉！因為你就說要還我債的啊，我還客氣什麼？

在一些婚姻暴力的案例中，也常聽到受暴婦女認為自己挨打是要還債的，而且這輩子不被糟蹋完，下輩子還要繼續挨打，我對此說法非常不以為然，受暴婦女不只是自己受到暴力，連帶著自己的子女也會成為「目睹家庭暴力受虐兒」，這種精神上的傷害不亞於身體上的痛楚。

根據研究顯示，這些目睹家庭暴力的孩子，甚至高達八成會產生「代間傳遞」，也就是男性有八成機率在往後的婚姻成為加害人、女兒也有這麼高的機率繼續成為受害人，家庭是人們出生後第一個接觸到的學習場所，我們學習父母的模式，一代代傳遞下去，所以受暴婦女若繼續隱忍還願，她也正在造另一種惡業：讓先生持續作惡、讓子女在不健康家庭中成長，而且很有機會繼續在這悲慘的輪迴當中。

養育子女可以是造很大的惡業，也可以是種很大的福報，是好是壞端看個人於此生的經營，所以我要大大鼓吹另一句俗諺：「子女會自己帶財來！」也就是常說「娶妻前、生子後」會鴻運當頭，小孩子自己出生來世間，也會帶財來幫助父母養活自己。把自己孩子當財神的，自然也會投注滿滿的愛，這是最好的善的循環，要把自己的寶貝當財神還是當債主？再笨的人都會選吧？

Q02：有人認為小孩與父母不親、感情淡，是因為這一世親情的緣分較淡？

A：

台灣民間常用「緣分」來比喻人際之間的關係，相聚即是有緣、分離便是緣盡了，華人都普遍相信，人與人之間的相聚並非偶然，能當朋友的就比一面之緣或陌生人更具緣分，俗諺：「百年修得同船渡、千年修得共枕眠」，有一百年的醞釀才有機會同船共乘，有千年的累積才能為夫妻，那更何況是從身體裡跑出來的子女，那可得有多深厚的緣分，豈有緣分較淡的道理？

再者，「緣分」的概念多半是受到佛教的影響，與因果福報的概念相呼應，人們會有緣分是因為過去的種種，未來的發展自然也是今日的付出所決定，所以我們也可以說：「緣分是靠經營的！」也就是倘若你要與某人有緣分，那就好好的結善緣、種福田，藉由今日種種作為，成為明日未來的結果，因此緣分並非是無法掌握的手中清風，而是能藉由經營加以延續、增溫，就像是西方諮商等學說談到家庭與婚姻，也都主張關係是要靠經營的，都是同樣的道理。

小孩從一出生在這世上，所有的依存都仰賴父母，人類相較於其他物種是非常依賴原生家庭的生物，有些生物如蛇、蚊，父母在生產後就不需聞問，子女也不認得父母手足，其他如羊、馬、走獸，多半出生後沒多久就能行走，數月後即可獨自生存，不像人類必須讓父母把屎把尿、親手餵食長達一年之久，自立更是要十數年，如此深厚的緣分，豈有任何關係能夠比擬？

今日會提及子女與父母不親的疑問，這又與社會環境的變遷有關，許多雙薪家庭、單親家庭或各種經濟因素，無法親自撫育子女，必須交由祖父母、親友、保母或其他機構代行親職，少了這段成長期間緣分的經營，自然會影響到未來親子之間的感情，不論父母是自願或非自願的，這些都是人為所造成的，想要有親密深厚的親子關係，那就從現在開始經營吧！畢竟孩子的基因由父母決定、成長環境也是父母給的，牌都在父母自己的手上，怎麼能說是孩子沒照著牌局打呢？

「欲知前世因，今生受者是；欲知來世果，今生做者是。」因果皆如是、緣分亦如是。

Q03：孩子體弱多病，據說上輩子做了壞事，今生備受折磨是來還業障的，真有「業障」的說法？

A：

「業障」一詞也是從佛教而來，「業」是行為的造作，生命中種種的不順遂都是業障的表現，例如貧窮、醜陋、憂鬱、殘疾等等，除了必須懺悔承受以洗滌惡業之外，也要多行善培福增加善業，求業障的輕饒。也有人將病痛稱做「業障病」，根據聖嚴法師在其著作《拈花微笑》❶中提到：

業障病又分為外病、內病兩種。

外病是由於福報不夠，所以修行時會發生障礙。譬如平時不肯放人家一馬的人，便會到處碰到荊棘；平時多給人方便的人，修行時會吉祥如意。如在過去世不結人緣，而且處處與人作梗，修行時就會有業障病。

另外一種是內在的業障病，就是由於惡業太重，所以不修行身體沒有事，一修行就頭疼、背痛、鬧肚子，或是火氣上升，或是氣息不調。

有業障病的人，要常行布施，讀誦大乘經典，禮拜諸佛，懺悔先世罪業。修慈悲觀，發菩提心，願度一切眾生，盡心盡力，自利利他，多造福業，廣結善緣，增長智慧，開發心地，然後業障就會消除，而可以順利修行禪定了。

對於難養、難帶、多病的小孩，民間習俗上稱做「貴氣」，症狀大約是三天兩頭就生病跑醫院，或者碰上廟宇、喪家就會不適，容易夜啼、受到驚嚇等等，得要父母加倍的照顧才能平安長大。台灣父母面對這樣的寶貝，總得想盡辦法，除了基本款的算命、收驚，也有不少人讓神明收做契子（乾兒子）、契女（乾女兒），以祈孩子平安健康。

我應該也能歸類為這種，時至今日只要我不順娘意，她就會一把鼻涕、一把眼淚講起過去我一周要住院三天、每次看病得花多少錢？還為了救我去跪求醫師、毆打護士等等，我也很納悶怎麼孩提時期我會如此虛弱？讓家裡花這麼多錢、耗這麼多精力也很不好意思，於是便尋求目擊證人的意見：我爸爸和姊姊。看看怎麼我會從一個紙做的寶寶，變成鐵打的棒球裁判員和空手道黑帶？

---

❶《拈花微笑》，聖嚴法師，法鼓文化：台北，1986，p220.

話說我娘懷孕之時，不幸逢家父生意上遭變，各種壓力對已是高齡產婦的媽媽是沉重的負擔，加上家裡開髮廊，過去沒有先進的健康教育，哪裡會注意孕婦避免菸酒，開店做生意的也無法拒絕客戶，從今日的觀念可以推論那時候的環境是不利於寶寶健康成長的。所幸後來家裡也步上正常軌道，除了基礎醫療和宮廟收驚外，也從生活上開始搶救寶寶健康大作戰。

小時候我吃得很營養，正餐之外也有吃不完的零食點心，不限量的進食奠定了今日肥胖的基礎，這是開玩笑的，不過大人都讓我吃得很營養是真的，而且時常服用粉光、蛇膽等各式中藥外，小學時期幾乎是每天吃一塊牛排，更重要的是幾乎天天往外跑，我最喜歡玩棒球、騎腳踏車、沙坑和陀螺，很快成為社區巷子裡的孩子王，東亞病夫的招牌早就被我一腳踢開！雖然我還是會趕流行染上各種感冒，甚至是德國麻疹和疔子，不過也在家人悉心照料下，很快又活力四射。

中學以後健康沒有一路轉好，當靈媒的時期由於過於忙碌、長期睡眠不足，身體狀況急轉直下，特別是為了好好當靈媒而戒食牛肉讓我爸爸很不諒解，嚴重時常發生過度換氣甚至暈倒，到醫院檢查的結果是心臟瓣膜閉鎖不全，導致心臟的功率只有一般人的七成，也就是別人喘氣兩次、我得要喘三次才行。決意不幹靈媒之後，我也想拾回寶貴的健康，為此我更努力投入棒球和空手道，然而常常才練沒多久我就會氣喘吁吁，畢竟心臟的功率不如他人，但我告訴自己就更應該運動：當我把心臟訓練到一般人的百分之一百二十，那麼別人呼吸兩次、我也只需要呼吸兩次就好！

雖然我的身體仍不適宜跑步、游泳等需要大量肺活量的活動，但是著重爆發力的棒球和空手道便差距不大，只要適當的訓練肌耐力，也能享受棒球和空手道等運動，而我自認也做得不錯，不但通過檢定拿到空手道黑帶，也成為台灣首位棒球國際女裁判，更在通德興業公司陳前芳董事長的支持下，於美國職業裁判學校完成訓練拿到結業證書！依我個人的經驗，「體弱多病」除了休養、收驚、當契子之外，更需要的是適當的營養和運動。

人生在世是避開不了「生老病死」的，沒有人會不生病，不過確實有些宗教倒認為「生病是好事」，例如佛教和伊斯蘭教（回教），都認為身體上的病痛折磨是承受自己所造的惡業，在來世便可不再受此惡報所苦，所以許多有信仰的佛教徒、穆斯林可都是「病得很歡喜」、「病得很健康」！因為他們能很健康的面對自己的生命，包含悲傷與病痛。過去為何我們無法得知也無從改變，能把握的便是當下，以期有更幸福的未來，所以生病也可以病得很健康啊！

Q04：孩子不聽話、叛逆，據說是祖先風水不好要化解，真有其事？

A：華人是怎樣疼孩子、拉拔孩子是有目共睹，對小孩的嚴格與望子成龍、望女成鳳的心情，更在近年來掀起「虎媽」的教養論之爭，華人對子女的教養多半是很嚴格也很疼愛的，除了不少見的打罵之外，對小孩的物質需求多半是盡全力供給，所謂再苦也不能苦孩子，緊衣縮食也要讓小孩受教育、吃飽穿暖，在這麼多付出的同時，也期待小孩能有好表現、光宗耀祖一番，然而小孩子是獨立的個體，他是個有自己想法的「活人」，不會永遠是盼著父母餵食、換尿布的幼兒，說東不敢往西、要南不敢向北的孩子，當孩子漸漸長大，有了自己的想法，凡是不如父母之意時，就會聽到：「翅膀長硬了吧！」、「不想想我是怎麼辛苦養你的？」

其實，講這些話只是傷了孩子也傷自己，孩子不聽話、叛逆難道就是「壞事」嗎？我最不喜歡聽到的話之一就是「為你好」，這句愛裡藏劍的神主牌，「為你好」這三個字看似是為了對方著想，但其背後的意涵精準的分析應該是：「我用我的想法覺得這樣做對你是好的，如果你不照著做，就會辜負我、讓我不高興。」因此所謂的「為你好」根本就是「為我好」，因為要稱心如意才是目的。所以不只要管小孩的食衣住行，就讀的學校科系、交往及結婚的對象、未來的職業與家庭都要參一腳，等到當了祖父母，更是把「愛」拓及到孫子、孫女，簡直是住在海邊的：管很寬啊。

的確小孩子是父母耗費心力栽培長大的，無法用金錢來衡量，只是，每一個生命都是獨立的個體，年紀小時無法反抗，長大了自然會表達自己的意見，雖然小孩是由父母生養，但並非是父母的「財產」，可以恣意的買賣、決定未來，強迫子女接受自己的安排，這與古早指腹為婚、童養媳有什麼差別？把孩子不聽話與叛逆當作是「問題」本身就是個問題，畢竟這基因是父母給的、環境是父母供的，孩子是獨立的生命，不是操控於父母的電動遊戲人物或寵物。試想，難道你一輩子的想法都是跟父母一致的嗎？

把子女不聽話或叛逆歸諸於祖先，這又是更不負責任的說法了，難道祖先的屍體是子孫的開運幸運物嗎？要擺哪個方位才會庇護子孫？下葬看風水有幾分是「為祖先好」、又有幾分是「為自己好」呢？近來土地價格節節高升，多數人已無力負擔土葬費用而改用火葬，仍難改擺放方位、時辰等等的風水之說，靈骨塔也會以位置區分價格，倘若以後我要經營靈骨塔，一定要發明一種「電子座」：只要輸入亡者和子孫的基本資料，這個電子座就會隨著日期自動變換方位，每一年、月、日、時都會自動轉到最有利於家屬的位置，不過推廣起來可能要一點時間，因為靈骨塔正式運作起來會像是迴轉壽司……。

不過我相信這點子肯定會大發利市！只要有案例證實有效果，就不怕沒人肯掏錢喲！

Q05：做法事對亡者有什麼好處？可以幫助亡者前往西方極樂世界？

A：我們常在喪禮的場合或聽聞有人過世時，會祝禱當事人早日往生西方極樂世界，即使很少有人弄清楚那到底是什麼地方？當事人又是否有資格能去？這「極樂世界」是從梵文「須摩提」翻譯而來，《佛說阿彌陀經》載明彼佛土以其國眾生無有眾苦，但受諸樂，故名極樂。這樂土的種種景象也在該經中有詳細記載，所以在喪事的場合常常會聽到這本《佛說阿彌陀經》的念誦，透過不斷形容極樂世界的樣貌，讓亡者能升起信心、願力，再透過佛的本願力，使其早日到達往生淨土。

冠上的「西方」一詞，並非指地球上的某地，地球每一個點都有各自的東、西方，因此所謂的「西方極樂世界」意指地球之外的佛國淨土。地球是釋迦摩尼佛千百億個化身之一，整體則稱做娑婆世界，而這「極樂世界」位於娑婆世界的西方，因此又稱做西方極樂世界，東方則有琉璃光淨土，而非指地球的某處，要提高到整個銀河系來看。

沒有痛苦煩惱、只有快樂的極樂世界，自然是人們所嚮往，此外在那個環境生活至少不會再有機會造惡業，就更有機會修行涅槃，又根據《觀無量壽經》的記載，超夠意思的阿彌陀佛在最初發願的時候，曾為大眾開了殊勝方便，也就是即便是沒品又沒水準的壞人，在臨死之前若能教他念佛，而且升起信心、念誦「南無阿彌陀佛」佛號不斷，便可使他往生淨土。（天堂應該沒有名額限制，不然我也想罵髒話，既然沒有領號碼牌上限、沒佔到我們的名額，那我們就祝福壞人們吧！）因此人之將死以及剛斷氣的期間，佛教鼓勵人們助念，使亡者能早日被阿彌陀佛接引往西方極樂世界。

至於助念的效率而言，首推當事人自己念最有效，也是有道理啦，畢竟是自己要去的，其次是自己的家屬親人助念，因為親人間有血緣、親情，誠心誠意念起來才最「給力」，甚至於效果會優於聘請來的法師，最沒有效果的自然是錄音帶，機器是沒有感情的。值得一提的是，聖嚴法師當年仍健在時，便錄了自己念誦佛號的錄音，在自己的喪禮佛事中播放，置身在那環境真的會由衷地讚嘆聖嚴法師了脫生死的豁達瀟灑。

那到底「真正的」效果是如何呢？目前尚未販售前往西方極樂世界的單程票，所以並沒有公定價格，再次呼籲不要把生命價值以金錢來估價買賣！我們也不大可能募集屍體排成一排開始助念，比較由誰助念的效果好？觀察助念幾小時後的屍體變化？來歸納助念幾個小時的效果最好？到第幾個小時的效果會明顯衰退？

根據佛教的教義，往生時有六種因素會決定未來：

1. 隨業：當事人在世時所造的善業與惡業；
2. 隨重：先受重業的果報，依序再受輕的；
3. 隨習：也就是個人習氣，隨著習氣投生；
4. 隨緣：哪裡的因緣成熟，就往因緣處去；
5. 隨念：臨終往生的意念，決定死後去處；
6. 隨願：隨著臨終者心願，投往心願歸宿。

因此，助念的影響並非是全然的影響，甚至不及六分之一，人在死後的去處還是依據在世時的言行舉止，強烈奉勸壞人不要搭便車、取巧！再者，《地藏王菩薩本願功德經》記載，若由活人超度亡者，亡人只能獲得其中七分之一的功德，而行佛事的活人則能得七分之六。簡單的說，希望死後能有好的歸宿，終究還是「各人吃飯各人飽、各人造業各人擔！」為亡人做法事最獲得益處的，應該是活人：活人能藉由為亡者最後的服務，安慰自己的悲傷。

所以真的想為亡者有幫助嗎？那就趁活著的時候，奉勸其諸惡莫做、諸善奉行，效果才是最有口碑、最掛保證，無須擔心被神棍訛詐，擔負任何風險，利人利己，何樂而不為呢？

Q06：

觀落陰是真是假？如果想要看祖先，而他已經投胎了，是不是就「觀」不到了？反之，如果「觀」得到，我們是否要在陽世幫他多多超度，幫助他早日投胎？

A：

傳統華人的觀念認為人死為鬼，所以祖先死後會變成鬼，非正常死亡者還會變成厲鬼危害人間，但是佛教並不是這樣看待的，所謂「六道輪迴」：眾生會在天道、人道、阿修羅道、鬼道、畜生道和地獄道當中，出生又死亡、死後又出生，在還沒有涅槃得解脫之前，就在這六道中來來去去、滾來滾去的，所以請不要對自己的祖先這麼沒有信心，就算沒有成佛成仙，也有機會再去當人，會變成「鬼」就是六分之一的機率，就這麼小看自己的祖先嗎？

「觀落陰」盛行於華人地區，年代相當久遠，也稱「觀靈」、「觀三姑」、「走陰差」等等，葉蔚林的短篇小說《五個女子與一根繩子》在一九九一年改編為同名電影，當中便有「逛花園」的情節：在那個保守封建以男性為主的社會中，五位女孩透過通靈人得知有個女人地位遠高過男性的夢想花園，於是相約九月九日重陽節那天一起自縊，一同前往那個「花園」。最初「觀落陰」是帶領陽間人窺看惡人在地獄受苦的狀況，不過在過程中有人會意外與親人相逢，所以地獄觀光結合探親行程，讓此法不曾斷絕。雖然我還是要呼籲：請對自己的祖先有信心，別小看了祖先死後一定當鬼或下地獄好嗎？

台灣最著名的觀落陰紀錄當屬一九七六年台中聖賢堂印行的善書《地獄遊記》，作者楊贊儒❷透過扶鸞❸的方式，請濟公帶他的魂魄去地獄遊歷，描述地獄情景、奉勸世人為善的《地獄遊記》大受歡迎，許多廟宇都放置免費結緣，我小時候也很喜歡閱讀，現在甚至也出版了漫畫版，之後還出了《天堂遊記》，倡導類似的觀念，都是在勸善止惡，也讓「觀落陰」成為許多台灣人耳聞之事，至今仍有提供此服務的宮廟。

❷原為台中聖賢堂鸞身，之後出家為聖輪法師，2011年11月捲入性侵疑雲，目前仍在調查階段中。

❸又可稱作「扶乩」，神明會附身在鸞生身上傳達旨意，許多道教的經典便是由扶鸞產生，又稱作「出真」，台灣早期非常普遍，由地方仕紳組成，有勸善與濟世的功能。中國古代傳說中的「鸞鳥」相傳是西王母的使者，負責傳達神明的旨意，因此又稱作「扶鸞」。

至於「觀落陰」的真偽則是信者恆信、不信者恆不信，體驗者深信為真，而不信者認為是變相催眠的緣故：法師透過焚香、念咒和鈴聲，引導和暗示參與者進入出神的狀態，加上參與者對於陰間的景象已經有所認知，因而進入觀落陰的狀態。對於觀落陰的行為要很小心，除了無形本身就很容易欺騙世人，我們無從驗證眼前「看到的亡靈」是否為親人之外，地獄難道是人類開的？一般人想去監獄探訪親友就很不容易了，何況是地獄呢？

凡非正常死亡者稱做「枉死」，包含：自殺、遇害、意外、天災等都屬之，枉死之人在死後會被集中到枉死城關押，直到陽壽已盡為止，如此說來，許多命案的被害人都被囚禁於枉死城中，警察大學真應該設立「觀落陰學系」，警政署的刑事警察局也要設立「觀靈科」，讓所有的命案加害人無所遁形！倘若得以成立的話，我真的很適合去就讀耶！也能協助台灣一堆靈異體質者就業，只是不知道納稅人是否同意便是。你願意繳納的稅收用於此嗎？花多少錢合理？效果又是如何呢？回答這些問題就是回答自己對觀落陰的看法了。

Q07：算命常提及某人命中註定無子嗣的說法？真有其事嗎？

A：古人流傳下來的算命，以八字而言，男性四柱干支全陽者、女性四柱干支全陰者皆為無子息之兆，若命局正偏印太多、正偏財與官殺太旺、以及七殺過重且無制者是「代表」無子息，接著看日柱、時柱等也有不同的代表，但是在不同的歲運又有生子的機會，紫微斗數也是，並非是子女宮無星或多凶星即無子，還要看對應的狀態。

此外，對於是否有「子嗣」，多半指的是兒子，所以命中無子很多是指沒有兒子，並非指完全沒有生育，或者是判讀為晚生、少生，斬釘截鐵說肯定無子女的算命師會有，不過也很少有人會抱著小孩去拆招牌。

況且，民間習俗總是相信行善積德能改變命運，讓命中注定的壞事傷害降到最低，不需要為了算命的鐵口直斷而輕言斷送自己生育子女的盼望，更別因為這樣為所欲為，不想當爸媽的也不避孕，難道算命的會贊助你扶養費或墮胎費嗎？再者，這年頭領養也不是什麼大驚小怪的事了，難道不是自己生的就不算子嗣嗎？同父異母或同母異父的手足，就不算親兄弟姊妹嗎？代理孕母又要怎麼歸類？實在沒有必要花錢、花精力算命來自己嚇自己。想為人父母者，何必讓自己有這命中無子嗣的說法來增添困擾，「自我預言」的效果就像是「發願」一樣都是有影響力量的。

曾聽朋友講到她朋友近日的煩惱：她二十多歲的女兒去找算命師，算命斷言她的命盤是婚姻不幸福，但是會有個孩子對她很好。她很遺憾自己的婚姻不順遂，但卻很希望有孩子能對她好，所以異想天開去國外做了試管嬰兒，直接跳過婚姻不順遂的階段。該說她是聰明極了？還是算命入迷了？目前這家庭革命，不、應該是這場家庭戰爭正在持續中，但我希望那孩子真的是聰穎過人，不然要讓這媽媽帶大，還是自求多福吧！

「求子」確實是許多人心中的痛，世界衛生組織統計各國不孕症❹發生率不盡相同，多半介於百分五到十五之間，其中西方國家發生率較高，不孕症的患者發生率與年齡也都呈上升的趨勢，這與現代人多晚婚、晚生育有關。

不孕症的發生原因有很多種，現代醫療會依不同情況對症下藥，而且是越年輕就求診的成功機率越高，偶有聽到放棄者，多半是年齡的因素決定不繼續嘗試生育，耐心治療者多半會有好結果。

所以除非算命能斷得出來女的沒子宮、男的沒睪丸，或者是過了更年期，請身心健康的夫妻努力做人吧！當作寶寶是要你倍加珍惜、等你們好好準備才遲到的。

❹夫妻在有正常的性生活之下，未採取避孕措施，「一年後」仍未受孕者，則稱為「不孕症」。

Q08：他十分重視朋友，但老是把另一半擺一邊，常願意為朋友兩肋插刀也在所不惜？

A：二〇一一年桃園縣少棒聯隊勇奪小馬聯盟世界少棒賽冠軍，我很榮幸有機會參與比賽過程，尤其這批孩子很惹人疼，賽後我仍然把他們的照片作為電腦桌面，男友不知道忍了多久，終於很小聲的碎念：「都放別人的照片，沒一張是我的。」只是我也沒搭理他，只回應：「小朋友太可愛了，天天看我心情好哇！」之後我有更換電腦桌面，只不過是從這張少棒隊的比賽照片，換成另一張少棒隊的全體合照。

「愛」是交往與婚姻很重要的元素，但是我們曾經審視過彼此之間的愛是什麼嗎？有人覺得愛就是要全心全意、不顧一切，有人覺得愛就是把存摺交給對方，有人則覺得愛就是要大方在眾人面前表現，也有人覺得愛是身體的接觸，每個人對於愛的解讀不同，因此給予的方式和接收的感受就會不同，例如有人覺得給錢就是愛，但可能對方要的是陪伴或者幫我買個消夜，有人覺得把所有時間留給對方是愛，但對方覺得你怎麼這麼沒人緣、沒出息，同樣的時間不去賺錢回來呢？

常見到夫妻情侶對於很努力的付出不被看見或接收，或者接收愛的天線頻道沒對準而有障礙，因此產生不和與怨懟，所以婚姻諮商師蓋瑞・巧門（Gary Chapman）出書歸納了「愛的語言」：肯定的言詞、精心的時刻、接受禮物、服務的行動與身體的接觸等五項，藉由評量測驗自己和另一半最看重的是什麼？了解彼此的需要，而不會在彼此都努力付出後，還不斷聽到埋怨：「你根本就不愛我！」當你覺得另一半「重朋友」時，那表示朋友滿足了他某部分的需求，例如有相同的興趣、知心的時刻，每個人都需要有朋友，我還認為沒朋友的人可能是怪怪的哩！重朋友不是壞事，但是當重朋友已經讓你感受到威脅或不悅時，就是該著手溝通的時候了！兩人應該坐下來談彼此愛與被愛的感受，調整期待的落差。

由於我的興趣廣泛，手邊的事務從來沒有少過，平日的時間已經塞得很滿了，更別提還時常有出國或到外地參加比賽的行程，所幸男友在這點可以接受，他會到球場去找我，或者是中午用餐時間相約見面，再不然就是用網路通訊，只要雙方可以接受，我就不至於被埋怨「重朋友」，只是有時候他會失望無法跟我去練習棒球，我得重複很多次告訴他：「我參加的是『女子』棒球隊耶！」帶男朋友去要讓我以後怎麼抬得起頭來？更何況，只是練球這件事情不讓他跟，跟「不愛他」不能完全相比吧？我做了九十九樣愛你的事情，怎麼就一直拿一樣做不到的來指責我？那你愛我嗎？

有人說：「男生把女生追到手後就變了樣了！」在追的時候甜言蜜語、隨傳隨到，追到手後就不再體貼，這其實是對彼此關係產生了「安全感」，所以才會在關係尚未確定前萬分努力，一旦安心後也就不那麼戰戰兢兢了，「重朋友」也代表他對朋友關係的不安全感，擔心不受歡迎、不被喜歡、被同儕排擠或是愛面子等，都是心中的「安全感」在作祟，當友情與愛情產生衝突時，請先別急著決鬥，要他決定何者重要？把自己跟一般朋友比較不是很「落漆」嗎？所以還是透過溝通，釐清彼此看重的部分和期待，透過溝通達成的共識是成全對方也是成全自己。

Q09：懷孕婦女據說在生肖、流年的影響之下，肚裡寶寶可能會有換胎（性別由男變女或由女變男）的可能性？

A：

同學你嘛幫幫忙！生男生女是怎麼決定的，國小高年級的健康教育課本就有教了，講這種話對得起國小老師嗎？要想寶寶有沒有可能換胎？我倒更有興趣怎麼幫大人換顆腦袋？人類的胚胎在受精的那一刻就決定了性別，換胎的可能就只有藉由人工把原有的胚胎拿出來，再植入另一個性別的胚胎，這跟生肖、流年無關，跟醫療技術才有關係，此外過去民間傳說兩位孕婦並肩坐在一起，也有可能交換了彼此的孩子，很遺憾地我得說出事實，如果你的太太生的孩子像鄰居的、你鄰居的太太生下的孩子長得像你，這不是去公園散步坐在一起的關係，而是醫院是否弄錯姓名標籤的關係，更悲慘一點就是：去找徵信社吧！你知道我在說什麼的……。

在胚胎孵育的過程中，性別會產生的變化，則例如多數的鱷魚和烏龜，是受孵化溫度影響，以歐洲的池龜為例，孵化的溫度在攝氏三十度以上的話，誕生的烏龜都會是雌性，反之則為雄性；此外有些生物是依照卵所處的「位置」以決定性別，例如地中海地區常見的海蟲（Bonellia），如果產下的蛋是接觸到成熟的母蟲，就會孵化成雄性的幼蟲，反之如果是落在海床的岩石上，就會孵出雌的，另外還有一種疊起來的群居螺，最底下的是雌性、上面的是雄性，但是如果雄螺的背上又另外壓了一隻，則原本的雄性螺又會馬上變身為雌性螺。

民間習俗中有所謂的「元辰宮」，指人在出生後也會在地府有間房子（唉，如果一出生時也能在陽世有一間該有多好？），這個住屋的狀況就會反映著每個人在世間的狀況，例如整齊乾淨就是身體健康、家徒四壁就是主人貧困，也因此衍生了要去元辰宮把這住家打掃乾淨，甚至於要增添生活用品：添補米、柴、油等等就能補充陽間的財富，而在這元辰宮內則種有象徵男性的本命樹與女性的本命花，而在這花樹叢底下會出現的小花，就是生男、生女的預兆，其中白花代表兒子、紅花象徵女兒，所以有些想要特別生男或生女者，會藉由探元辰宮去「整理花叢」，請無形界的園丁，也就是俗稱的花公、花婆，把命中注定的白花換紅花，或者是紅花換成白花，以達成生兒子或女兒的願望。

道教屬於星辰信仰，天上的星辰是信仰很重要的元素，信徒相信「南斗注生、北斗注死」，所以要祈求南斗以延壽、祭拜北斗以解厄，而每個人在天上都有顆對應的生辰，也就是所謂的「元辰」，道教獨特的科儀「拜斗」其實就是敬拜星辰以祈求「元辰光彩」，人自然也就健康順利，而對應的「元辰宮」則不在道教的經典論述中，是之後民間信仰的發揮衍生，有一派信仰的擁護者，至於換花的效果實在不勞我再贅言：抒發心理的盼望也就罷了，盼望是件好事，只不過現代醫學的精蟲分離術已經說得很明白，請不要把自己當烏龜或鱷魚，好嗎？

Q10：為何我的小孩是女身男相、男身女相的同性戀？我該怎麼面對？我能借助宗教力量讓他回復正常嗎？

A：同性戀是自人類社會以來便存在的現象，《聖經》曾記載這是有罪的❺，甚至為此消滅了所多瑪和蛾摩拉城❻，況且根據《創世紀》的記載，上帝在創造的第六日，就按照自己的型像造男造女，性別是神所決定的，人不能夠去否定，神所給予的性別也不能更換，後期有些教派則詮釋應是反對男性娼妓，不論如何，雖然大多數教派認為同性戀是有罪的，但是基於基督是愛著世上所有人，當中包含同性戀者，所以應以接納代替譴責，希望幫助同性戀者能控制對同性者的性慾，往無性或異性戀生活發展。

就佛教的角度而言，其實不論同性戀或異性戀，都是起因於「無明」❼，都是人們對慾望的渴求，而這種渴求會對認識自我造成障礙，有些教派認為同性戀是犯了邪淫，有些則認為同性戀所造的惡業有待商榷，但是去壓迫同性戀這種歧視與壓迫的行為，則肯定是造惡業；越是傳統的宗教則保持視同性戀有罪的立場，例如天主教和伊斯蘭教等，最主要還是認為此非人類的常態，有危於人類的繁衍。

我有很多異性戀朋友也有一些同性戀的朋友，事實上由於我從小就偏向中性，打扮與個性很像男孩子，許多人都以為我是同性戀，讀高中時因為女同學寫的情書讓家裡知道，姊姊還把我拉到房間問：「妳老實告訴姊姊沒有關係，我們都一樣愛妳……」卻是一臉天要塌下來的表情，大學時更是每況愈下，同學們也來玩那招真心話大冒險，要我放心說出來，可是我就偏偏不是啊！甚至社會學的教授也在課堂上要我「出櫃」──也就是大方承認自己的性取向，這四年只要在校園遇到就提一次，讓我百般無奈，那時候我的心底就在吶喊：「即便都只有女生對我表白，但我還是很確定自己是異性戀啊！」我從來沒有一丁點自認為自己有可能是同性戀。

---

❺《聖經》〈利未記〉第20章第1~3節：「人若與男人苟合，像與女人一樣，他們二人行了可憎惡的事，總要把他們治死，罪要歸在他們身上。」

❻《聖經》〈創世紀〉第19章。

❼「無明」為佛教用語，是十二因緣之首、一切苦的根源，是貪嗔癡等各種煩惱的通稱，意即不明瞭善惡因果、事物真相或道理的心理精神狀態，通常就稱作「煩惱」或並稱為「無明煩惱」。

有些女孩子就天生是活潑外放、有些男孩子就是斯文輕柔，也就是所謂的「女身男相、男身女相」，這跟是否就理所當然看起來像同性戀是兩件事情，倘若成長環境刻意引導：「你就是同性戀！」特別是孩童和青春期的青少年，就有可能因此被引導，根據不同的研究，生物學者傾向同性戀是由基因決定，自然天生而無法改變，心理學者和社會學者則認為成長期的經驗更有關係，例如兒童因為氣質像異性而被眾人認定為同性戀者，或是遭受異性排斥或發生過挫折，又或者兒童間的性嬉戲太過分，使兒童沉溺於該經驗，致使長大後繼續複製同性的性行為，又或者是不認同自身的性別，而成為了同性戀。人是非常複雜的動物，這些成因都有可能，只是影響的比例大小之別。

我並沒有性取向而鬧家庭革命的辛苦經驗，事實上我在家裡算「懂事的」，反而常對年紀長於我的家人碎念要安分守己、少幹蠢事，印象中會起爭執的，大概是不喜歡大人倚老賣老，我十分不喜歡大人使用年紀權威，什麼事情為何不能講道理？我多半與家人講道理，所以不常發生衝突，印象深刻是日本的親戚在暑假有幾年會來家裡住，有一回我想在房間看棒球比賽轉播，爸爸卻硬要我在客廳陪親戚聊天，而且一定要看NHK、不准看棒球，一氣之下我就回房間反鎖睡覺，還怒嗆：「你是我爸爸所以不能忤逆你，但是做人父母就可以不講道理嗎？以後都不講道理就把你載去山上放生！」日後當我爸爸順著我的意，被別人說怎麼這麼疼女兒時，他就會消遣的說：「沒辦法，怕老了被載去山上放生啊！」

當得知子女是同性戀時，很多父母家人是無法接受的，老實講，我覺得父母不能接受的東西實在是好多喔：功課、成績、穿著、科系、學歷、工作、薪水、男女朋友、房子、車子、孩子……，都不先想想自己製造出來的品質就這樣，培養的環境也就是如此，生產印度廉價塔塔車，卻要求有賓士車的性能和表現，當父母難、當子女也挺難的！就算俗語有說「天下無不是的父母」，難道就有「天生要忤逆的子女」嗎？子女成為同性戀的成因很複雜，只是不管是基因或是兒童、青少年期的發展，父母都脫不了關係，面對的態度最好不要是「要求改成異性戀」，而是一同溝通面對，不然強勢逼迫的結果，只是把孩子往外推，斷絕往來也等於宣告自己被放生了。

想讓孩子「改回來」，也代表自己無法接受「同性戀」，想知道改回來的方法哪種有效？則應該要先了解孩子選擇當同性戀的原因，也讓他知道你無法接受的原因在哪裡，或許藉由溝通便能有相處之道；至於宗教可發揮的影響力，由於多數教義上都是不支持同性戀行為，信仰者多少會受到宗教潛移默化的影響，除非信仰的教派對同性戀持支持的立場，但是影響的程度和時間則是要看個人的造化，畢竟每個人對信仰投入程度不同，影響程度自然也會不同。我身邊幾位好友是因為信仰基督教後決定「重返異性戀」立場，然而不論是成為同性戀或異性戀，都經歷了極為痛苦的歷程才下的決定，人生就是一連串做決定的過程，除非是滔天大禍，不然總是有再選擇的機會，雖然會比較辛苦，但汗水與淚水會讓生命更厚實。

無論何種宗教或教派，允許同性戀行為者不必贅言，不贊同者多半是認為同性戀的「行為本身」有罪或業，也就是認定其從事同性間的「性行為」為罪業，對「人」的態度部分，基本上都是採接納的態度。所以父母在期待宗教信仰能影響子女成為異性戀時，也請遵循宗教的見解，以接納來代替譴責，一起來面對生命中的諸多挑戰。

二、愛情篇

Q01：鬼和鬼之間會談戀愛嗎？電視或小說上演人鬼戀的劇情，有可能發生？

A：鬼和鬼之間是否會談戀愛？我倒沒有在現實生活中特別去觀察，通常我接觸到的鬼若不是聚集在宮廟，就是零零散散在山上、路邊等等，倒是在兩次夢境中去探訪了「鬼村落」：也就是它們聚集生活的地方，如果這些夢境是意識上去參訪它們的生活，那麼鬼彼此間成立家庭、戀愛等等也可能是存在的，那就來說說我那兩次的遊歷經驗吧！

在我大四那年的某日，接近清晨時間做了怪夢，夢境中有三個人來接我，說是村裡辦熱鬧，也想藉機順便感謝我，我在夢中跟著出了家門，見到一台摩托車大小紙糊的「白車」，心想：「這哪能坐人啊？」不過它們還是招呼我上車，進去之後倒不覺得擠，反而感覺挺寬敞的，四個人都能坐進來也不會碰觸到，只是內部與外觀都是菱菱角角非流線型，感覺還是怪怪的。

我們車子開到了像是北海岸之類的地方，一邊有山坡、一邊則是海洋，但是明明感覺有微風，卻不見海上起什麼波浪，看似人間卻總有說不出的怪；天空則是灰矇矇的，感覺不是白天可是卻仍有光線，有點像是清晨卻一點都不光亮，很是特別的亮度，好難形容……，路邊果然就像個觀光市集，賣好多東西喔，看得我目不暇給，後來車子停到一個廟口廣場，那裡擺了許多「辦桌」，傳統的那種路邊餐會，真的好多人、好熱鬧喔！

看著那些人長相跟人差不多，不過就是比較沒有「人氣」，是有死人臉的感覺，不過我也不覺得怕，比較奇怪的是她們身上的衣服，好像是刻意穿新衣服？但是衣服材質像是塑膠做的，顯示出獨特的光澤和異常的平整。桌上的菜跟我們平常吃的差不多，唯一不同的是，有一盤像是有點扁的饅頭堆得老高，此外幾乎每樣菜也都堆得高高的，夾菜要有技術，不然恐怕會整盤崩落就糗了。我被招呼坐在其中的一桌，除了桌上的菜餚，我的視線也掃過各個攤販，後來我很確定吃了炸雞與炸臭豆腐，也是我平常很愛吃的食物，其他的印象就沒有那麼深刻了，吃完之後它們還送我回家，回到家的時候天也差不多亮了，而我人也醒了。

醒來之後是另一場惡夢的開始，一起床後就直奔廁所：嘔吐。不知道為什麼，感覺肚子裡有一堆紙的感覺，吐出來的東西大部分是灰灰的污水，還記得媽媽一邊看我吐、一邊問我：「哪有人一睡起來就在吐的？又沒有吃東西？看妳不是都好好的嗎？難道妳昨天晚上在我睡覺後，又爬起來偷吃喔？」直到現在都不清楚到底發生了什麼事情？如果真的是要感謝我幫忙，這樣也太不夠意思了吧？還是因為作夢而產生的心理作用？可是那幾天身體都很健康啊？但現在我都還搞不懂……，事隔數年，類似的事情居然又發生了！

話說日前去朋友家中吃飯，恰巧在主人房臥室見到有鬼徘徊，我叫他跟我一起走吧，找個地方住、別去打擾人家，況且，住在那裡也沒什麼可吃可喝的。後來我們下午一起去逛個地方，正巧在那裡也見到幾個鬼，我問兩邊要不要就互相扶持一下？算是給他介紹個工作吧？反正這件事情就這樣結束了。

沒想到數日後的清晨時分，鬼兄弟又來找我，他的個子不高但是臉胖胖的，因為近年來極少跟鬼打交道，所以很快就認出他了，現在的他不再是一臉怒容，反倒是笑得很開心，也是說要請我吃飯。我跟著它後頭走，來到一座橋邊，橋上與路旁有幾個攤販，但是人潮很稀疏，因為天色就像過去那次一樣，很快就意識到上一回的經驗。除了它之外還有個瘦瘦的鬼，說它們現在是一起工作的夥伴，雖然談不上一表鬼才，不過笑笑地也知道不是壞鬼。

攤販賣著各式各樣的物品，它們把我領到它們的攤位，哇！是賣鹽酥雞的耶！讚啦！跟我們一樣也是一串一串的，它們要我自己挑、別客氣，我拿了幾串蔬菜和甜不辣，那個胖胖的鬼又自動塞了幾串進來，我還一邊跟它說：「喔～我不吃豬肉喔！有肉也要有 HALAL ❶ 喔？」

它們說沒有選肉給我吃啦，本來還想問油有沒有跟豬肉炸在一起？它們已經領著我往回頭走幾攤，說是要買飲料，真是行家啊！鹽酥雞怎麼可以不配飲料？不過它們沒有問我要喝什麼？直接拿了一杯給我，我拿在手上還特別看了那攤——正奇怪著怎麼它們的杯蓋是紙做的？那要怎麼蓋啊？我從它們手上接過飲料之後，直覺說了：「謝謝喔！」它們笑嘻嘻地跟我說：「沒有啦，是要謝謝妳。」正當我要喝時，平常已經養成有好吃東西都要說：「逼思米拉」的習慣，那是「奉主之名」的意思，不過當我講完「奉主之名」後，馬上人就醒過來了。

下一個意識就是我醒過來躺在床上，這一切讓我太混亂了，因為分不清是夢境或者是現實，我立即坐了起來，可還是覺得好渺茫、好混亂，所以起來洗把臉，看見時鐘大約是早上五點多一些，這又讓我想起上次的經驗，有進步的是好在這次我沒有喝下肚，不然可能又逃不掉嘔吐了。此後我還有被請去作客的經驗，而且是吃到飽的火鍋餐廳，和平常不一樣的是食物的擺設很沒秩序，肉品與蔬菜、甜點和酥皮濃湯等都沒分區擺在一起，一樣是很大盤、堆很多，最妙的是那裡的「小火鍋」，明明滾得很厲害，但我去碰時卻只是比常溫熱一點，完全不會燙手，唯一美中不足的是，不管我放什麼火鍋料進去，煮起來都變得糊糊灰灰的，好像是在煮衛生紙，那一次我當然也沒吃下任何的東西。

這幾次印象最深刻的就是，看到它們有群聚生活的現象，除了老的、少的、男的、女的之外，甚至有看到媽媽抱著小孩的，看起來就像人類的家庭，倘若這些經

❶阿拉伯語「合法」的意思，穆斯林所食的肉品除了絕不食用豬肉外，平時食用的牛、羊、雞、鴨等等，都必須依照律法由阿訇念經並人道宰殺。

驗為真，那麼鬼和鬼之間就很有可能彼此談戀愛、組織家庭吧？只是人和鬼若是能溝通，或許有可能談起戀愛，現在很多夫妻沒講話、無視於對方也可以生活很多年，這麼說來只要能夠互動還是有可能產生情愫，但更進一步是不大可能的，跟它們一起生活：會餓死啊！

Q02：男女感情不順，總是被冠上是上輩子欠他的，真有其事嗎？我和男（女）朋友相處不好，該怎麼拿捏是不是要繼續下去？

A： 如果覺得男女交往不順遂是因為上輩子所欠，這又是受到佛教「業力論」、道教「承負說」所影響，意即現在發生的事情不會有偶然，必定是過去種下的「因」導致有今日的「果」，而我們現在所處理的方式又會是種下的「因」而形成未來的「果」，彼此「業力」越深者，關係的牽扯自然也越深；反之，業力不那麼深厚者，今日可能只會有一面之緣或擦身而過，與成為父子、手足、親戚的關係自然不能比擬。

說實話，我覺得戀人情侶的緣分就是「友人以上、夫妻未滿」，一生當中所交往的朋友何其多，這年頭也不是成為情侶就一定會成為夫妻，「男未婚、女未嫁」就有無限的可能性，說是欠債也太沉重了吧？對於男女朋友交往是自認為欠對方的，我真的一點點也無法同情：怪了，交往得這麼委屈，那就各奔幸福啊！欠錢都有人會跑路了，難不成對方手上有你的「業障本票」，還能去法院公告或者賣給地下錢莊嗎？不然你是「笨到不會抓癢」？甘願終身為奴嗎？

聰明點嘛，倘若所謂欠債為真，不會去找一個欠你比較多的，讓自己也當當債權人，享受被愛的感覺嗎？想要愛得不那麼委屈，那就找一位愛你比較多的人吧！選擇愛多一點的人，也就認了吧！如果這段感情自知相處上有問題，彼此趕緊找出因應之道，否則就考慮退場，兩人間的問題不會因為結婚就解決，婚姻是兩家人的事情，只會增加複雜性而擴大相處上的問題，是兩性交往的「進階版」，不然你是有打過電動遊戲，後面的關卡比前面的關卡好打的嗎？大魔王不是幹假的！

努力經營兩人的關係會有收穫，結束一段關係也不代表全部抹煞，男女交往怕的是把「輸贏」放進來，夫妻間的賭氣不也是這樣嗎？宗教信仰會變質，不也都是滲入了輸贏、名利等分別心，才開始變質的嗎？人生的拿捏選擇其實也沒有什麼「對」或「不對」，就像是沒有輸贏一樣，因為人就這麼光光的來到世上，也遲早要光光的回去，是「得」或是「失」統統都在自己身上，都是自己要承擔的，告訴自己：不管做什麼決定，都是自己的收穫啦！

Q03：遇到不好的男人女人，斬桃花真的有用嗎？老公有了小三，要怎麼做老公才會回心轉意？

A：在台灣要被當成人才其實並不難，只要說自己看得到鬼就可以了，如果自身勤勞一點多跑些私人神壇宮廟，更會有許多「老師」替你認證帶有天命，雖然不代表你也能當老師、開神壇、發大財，保守一點經營的話，給人收驚、祭改、打坐、共修，有什麼困難就燒紙錢、畫張符，有什麼問題就說是冤親債主，加減賣點金紙、水晶和護身符，偶爾也發發「天命認證書」，維持一個家庭不會太困難啦！

我小時候就被好多「老師」認證「帶天命」，反正不用考試也不必寫作業，頂多得花點時間打坐，那時候沒覺得有什麼不好的，還真的有些「老師」曾問我要不要當學生，學習他們的祭改和法術，但是這種要發誓、寫誥文，說要向神明發誓的，我就會思考再三了。那時候會想要學，主要是覺得多學沒損失，當人就是要學習嘛，而且「老師」都說那些法術很厲害，如果我能學會不只超酷的，還能幫助很多人，了解之後便對學習那些法術徹底打退堂鼓了。

「外遇」似乎是自有婚姻制度以來便並存的現象，坊間也有很多求桃花和斬桃花的法術，不管法術冠上了什麼名稱，基本上都是同一件事情：「以象徵的儀式滿足心裡的願望」以「斬桃花」的法術來說，民間相信男女結合是月下老人用紅線牽著，所以最基本款的斬桃花就是拿了男女紙人各一，分別寫上姓名和生辰的個人資料，最好還能有衣服、頭髮或指甲等私人物品，接著將纏住紙人的紅線給「斬了」，也就完事了！當然整個儀式不能這麼簡單，還得要三牲四果、燒香秉告天地等等，當事人也得在壇前跪拜，因為老師多半會說：「來我這裡尋求幫忙的，沒有一個失敗的！除非自己業障太重或不夠誠心！」這說法有「老師」才可以這樣說，你能想像自己跟老闆說：「我處理的案子，沒有一次是客戶不滿意的，除非是你的業障太重或不夠誠心嗎？」

「斬桃花」法術施行後，如果過一陣子又出事了，那應該會說是那兩人間的孽緣太深，不是一次就能除淨，所以要加碼展現誠心，再一次地斬桃花。可是每次都在那裡切紅線很無聊啊，再做幾次都能在家裡 DIY 了，所以「老師」會有「祕密武器」，也就是其他斬桃花的法術，那可不是天天可以做的，是看你挺有誠意又覺得你可憐才出手的耶！法術包括「寒天雪地法」、「絕緣斷交法」等等，前者就是要讓兩人的關係如冰天雪地，馬上冷卻下來就會分離了，做法就是整套的焚香祈禱後，再把那兩個紙人放在冰塊裡，象徵兩個人的關係已經「冷卻如冰」。

至於「絕緣斷交法」就要拿兩根芭蕉，小紙人和那些手續統統也都要，然後就把芭蕉切斷，因為「蕉」與「交」同音，所以「斷蕉」就是「斷交」囉！同理可證，想要意中人對你愛得一發不可收拾，就可以使用「火山爆發法」，把那些紙人和物品放在紙做的火山裡面，然後放把火燒了便是！曾經有朋友問我斬桃花和招桃花的法術怎麼施行，我如實描述出來後，大家都說我是白癡，可是這又不是我發明的，是以前那些老師這樣處理的啊！就我自己個人而言，當我小時候知道的時候，也是覺得：如果是這樣，那我應該不必特別拜師去學吧？

雖然說幫人家斬桃花的法術多少可以救蕉農，但要我真的這樣做，還真是下不了手，雖然在神壇裡沒人敢說什麼，但是我學校同學知道後，一定會笑我是白癡！所以假如我還有在開神壇宮廟，我才不要幫信徒做這些法術，我會直接推出「DIY

便利包」，裡面包含燒給神明的文、金紙、小紙人、紅線與說明書等等，買的人只要遵照有圖片的說明書，自備施法對象的姓名、生辰、地址和私人物品如衣服、照片、頭髮或指甲，然後照著程序在家做，效果要好就常常做、天天做，而且便利包還能有不同做法、時常推陳出新，這樣我不必幫人施法也能滿足信徒求桃花或招桃花的心願了。

老公有了小三就是婚姻出了問題，該怎麼解決問題其實理智上都知道，差別是能否在情緒的翻滾下，還能做出對彼此都好的判斷，怎麼樣小三會自動離開老公、老公乖乖待家裡？如果老公中風躺在床上就可以達成了，但是有誰要這樣的達成呢？想買東西要有錢、想要健康要保養、想要幸福則要有智慧與福報，還好、還好、天可憐見，只要還沒斷氣，智慧和福報都能從現在開始培養，沒錯，想要幸福就從現在開始行動吧。

Q04：據說情人的剋星是呂洞賓廟，不能相偕同去會分手，真有其事嗎？

A：呂洞賓是道教很著名的仙人，原名是「喦」、「洞賓」為字、號為「純陽子」，他是道教全真道祖師，也是著名的八仙之一，相關的傳說很多，相傳會點石成金又曾化身理髮師治好朱元璋的頭瘡❷，所以是礦工、商人和埋髮師的保護神，又因為會煉丹救人還讀很多書，所以行醫救人，求文昌念書也能找他保佑，是個很忙碌的神明。

最特別的是有「黃粱一夢」的傳說：他幫助姓盧的考生藉由作夢，了解人生所求的功名富貴不過是一場夢，所以很多信徒會睡在他的神尊前或廟裡面，祈求呂祖入夢來解惑。這些人真不知是怎麼搞的？不就已經說人生富貴功名就是一場夢了嗎？

❷相傳明太祖朱元璋因頭上爛瘡劇痛難忍，常殺理髮師洩憤，而呂仙化身理髮師將朱元璋治療好，救了不少理髮師性命，所以被奉為理髮師的守護神。

呂洞賓的傳說很多，也有不少被編為戲曲，名間流傳一齣戲《呂洞賓三戲白牡丹》就是講到有天他雲遊到湖南，見到一書生未婚妻「白牡丹小姐」，因為家窮又欠債，所以被賣到鳳凰樓為妓，呂洞賓覺得很可憐，所以經過一些曲折後讓白牡丹得以贖身返家，這些過程被有心人誤傳為誹聞，因此開始流傳「呂洞賓三戲白牡丹」諸多風流事，把呂洞賓的形象都弄臭了。此後他的形象每況愈下，被影射去追的對象還有八仙之一的何仙姑，甚至是觀世音菩薩！結果當然是踢了鐵板，所以後來被世人認為，他既然被打槍這麼多次，應該會心懷怨恨，看到熱戀中的情侶都會眼紅，所以情侶不能同去呂洞賓廟，不然就會被拆散。

這些傳聞都是從戲曲傳說來的，考證何仙姑的傳說也沒那個橋段，去追觀世音菩薩就真的太過分囉！再講下去可能又跟地藏王菩薩有不可告人的關係吧？真的是韓劇看太多了呂洞賓既然已經成仙，那表示早就離情斷慾了，不可能還去追她們，女神都是宅男在追的吧？

當神明要忙著點石成金、還要保佑病人康復，還擴及到功名念書都要管，成仙的人怎麼會看信徒熱戀就眼紅呢？有這些傳言除了以訛傳訛之外，我想應該是有人要提分手沒勇氣吧？所以拿拜呂洞賓廟當藉口，現在離婚率高、情侶分手更是見怪不怪，「分手」這種困難度不高的，不必要神明保佑啦！

Q05：某世當中夫妻因個性不合，被第三者介入造成家庭悲劇；在這一世，第三者變成太太，太太變為是小老婆，感情世界三人一直糾纏不清，據說是前世因果造成，真有前世因果或累世因果這回事嗎？

A：「種瓜得瓜、種豆得豆」、「事出必有因」是眾人耳熟能詳的俗諺，也是非常合理的邏輯，「因果輪迴說」再進一步的擴大，便可解釋我們目前發生的好事或是苦痛，便是過去自己所造的福報與惡業的報應，當產生家庭的悲劇，例如另一半的外遇、家暴、病痛等等不順心，許多人都會解讀為：是否那是過去所造的孽？所以這輩子我必須承受？

兩性交往的過程中，我最容易面對的衝突是「遲到」，一直以來我就對遲到這件事情很感冒，那表示對該事情與對象的不尊重，如果一個人能在大學聯考或結婚當天不遲到，那表示他也有能力在其他約定時不會遲到，否則除了意外事件之外，遲到就代表他並未這麼在意和尊重這個約定。偏偏我的前男友長得斯文穩重、重到慢條斯理、慢到經常性遲到。倘若只是相約兩人輕鬆吃飯、碰面倒也無妨，但是面對有些場合或者涉及其他人的時候，遲到就是沒禮貌、不尊重又耽誤他人，我會特別叮嚀他切勿遲到。

有次與他和外國友人相約看京劇表演，演出前一小時還再三確認請他不要遲到，這老兄還是遲到了二十分鐘、帶著我們的晚餐到來，表演結束後我告訴他，我很生氣他遲到的行為，接著就是鬼打牆的對話：

我：「我已經提醒你不下五次，甚至開演前一小時才確認，為什麼還是遲到？」

他：「因為我哥哥前一天來我這裡住，我要幫他保管行李啊！」

我：「這跟你遲到有什麼關係？」

他：「因為我下午還趕去辦公室加班啊！」

我：「這跟你遲到有什麼關係？」

他：「我去買晚餐的地方排隊的人很多啊！」

我：「這跟你遲到有什麼關係？」

他：「你又不喜歡我搭計程車，所以搭捷運和公車要比較久啊！」

我：「這跟你遲到有什麼關係？」

他：「妳就知道我的動作比較慢啊！」

我：「這跟你遲到有什麼關係？」

他：「是因為妳自己動作快所以才不會遲到啊！」

我：「這跟你遲到有什麼關係？」

他：「那我們分手好了，這樣妳就不會再煩了！」

我的回答還是：「這跟你遲到有什麼關係？」

遲到就是遲到，理由就是沒有掌握好時間，造成別人困擾就是要道歉，不論遲到的理由有多正當，也不能讓時間倒轉、把耽誤其他人的時間返還。我也不是從不遲到，除了遲到之外也會犯錯，犯錯的時候我感到羞愧，並且努力告誡自己不可再犯，從來沒有想過我所犯的錯是上輩子、上上輩子、上上上輩子對方欠我的，犯錯就是應該要道歉並且停止繼續犯錯，夫妻個性不合是一回事，外遇和家庭暴力都不能以此為藉口，而將自己的行為合理化。

夫妻感情不和睦是兩個人要一起面對的，外遇則是背叛配偶的行為，如果自己外遇得很委屈，覺得自己是被對方逼去外遇的，或者是覺得那是別人上輩子欠下的，只是幫自己的行為找了合理化的理由，說重一點叫做找藉口，如此便可理所當然的繼續糟蹋別人的感情，犯錯並不可恥，犯錯後還要強辯就是可恥又可惡，有外遇的人就把婚姻或外遇對象做個妥善的處置吧，別再糟蹋、污辱因果輪迴說！

Q06：兔子廟據說是同性戀者必拜之神？真有其事嗎？

A：兔子廟在百年前便存在，只是就像是同性戀在今日社會仍是隱晦的、少數的，兔子廟也是非常鮮數且少為人知，台灣的男同志也有找對象的需求，去拜月下老人感覺「怪怪的」……，加上小說曾紀載兔兒神保佑男同志的故事，提及曾設置兔兒神廟，也在台灣如法炮製，約莫二〇〇六年在新北市成立了「兔兒神廟」，作為同志們的心靈慰藉，此外，在香港也有供奉兔兒神的廟，都是同志的聚集處，在以基督宗教為主的西方國家，也有少數接受同性戀的教會，同樣也成為同志信仰的寄託與聚會場所。

同性戀會面對的需求與問題，和異性戀一樣都會有，再加上社會多半不接納，使得同志的處境更加艱難，所以他們的感情會比異性戀承受更大的壓力，尋求「自己的月下老人」也是可以理解的，再者，同志聚會所也有固定的地方，兔子廟便是其中之一，不論神明有沒有顯靈配對，至少在那可以更容易找到性向相同的對象，自然更吸引有感情需求的同志聚集，與其談到神力、不如說是提供平台。

只是異性戀所拜的廟會出現神棍敗類，同性戀的廟當然也有可能，更因為信仰者多半不願曝光，更是承受了巨大壓力，只要人所聚集之處，就會有人的問題，同志的兔神廟也是，該有的小心也不能免。

是凡人就會有慾望，不論性向如何？放任著慾望、被肉慾牽著走，就容易出狀況，深陷其中者便免不了痛苦，任何神明都沒有義務替人收拾爛攤子，只因為信眾拿香或燒紙錢，就要應許所有不合理的慾望，所以可別放縱慾望，還是要循規蹈矩、少惹麻煩吧！

Q07：為何姻緣總是不來？難道沒有好姻緣這輩子注定結不了婚？

A：走一趟有供奉月下老人的廟宇，就會發現幾乎都是香火鼎盛，未婚的男男女女非常多，卻難於搭起鵲橋。許多人對於此現象已經有許多分析觀察，簡單地說就是雖然許多人還是會渴望愛情和家庭，但也懂得盤算步入婚姻的得失，人們越來越會「盤算」，確保婚姻是對自己有利的，至少收穫要比付出還多，就像是購買商品一樣，要用最少成本做出最划算、最有價值的投資，擇偶已經快成了「人肉市場」，姻緣其實一直都在自己手上，只是點頭與否罷了。

盼望姻緣的造訪，首先想清楚自己要的是什麼？理想的對象是金城武和林志玲也可以啊，台語說：「有夢最水、你想吼系」！你會拜神明祈求有個好對象，別人就不會去拜拜求不要遇到恐龍嗎？你會埋怨神明怎麼都不應許你的祈求？別人的神明就不會保護自己的信眾不受摧殘嗎？別人有姻緣是別人的福報和本事，希望自己有好結果也要邁開步伐向前走！

自己照照鏡子除了是想清楚自己對姻緣的期待，也是整理儀容的第一步，情人眼裡出西施，沒有必要與他人比較外表，反正比上不足、比下有餘嘛！環肥燕瘦也是各有所好，只是我們也必須了解世上的德雷莎修女並不多，少有人能用滿滿的愛去擁抱遊民，把自己弄得整齊乾淨是最基本的，否則這麼為難神明幫你找對象，神明只好把你的優先順序往後排！再者，除了向神明許個好姻緣之外，四處去向活人朋友放送也是很重要的，表明自己希望的對象，方便朋友幫你推薦介紹，量多就能求質好，否則突然有陌生人向您示愛，那不是浪漫、而是可怕的性騷擾。

除了吃喝拉撒睡之外，人類的所有行為都需要經過學習，就連當父母也是如此，所以感情的經營也必須學習，如果很納悶為什麼電視劇裡面的人都很美好？那也是因為演員有看過劇本所以才知道怎麼做，現實生活中雖然沒有人幫我們寫好劇本，但是我們可以幫自己寫啊！只是有一點比較辛苦：由於您沒有付演出費給另一半，所以他／她未必會配合您的劇本演出，您兩位必須一起討論幸福家庭的劇本怎麼寫。

沒嫁不出去的女人也沒有娶不到老婆的男人，這地球人口多到要爆炸了，單身的對象有成千上萬的選擇，只是自己選擇要或不要。求姻緣成功的機率如同射鏢靶，把目標擴大到一面牆這麼大，哪裡會愁射不中呢？如果硬要自己射中五十公尺外的紅心，那也只能祝福您把技術練好一點，早日命中目標！

我的朋友在家庭暴力服務中心擔任社工，近日的案主是民國九十九年九月九日上午九點成親的，想必兩人一定希望婚姻長長久久，才會挑個這麼吉祥的時間點，不過兩人的婚姻撐不到民國一百年，兩個多月後就拳腳相向了，當中的說詞也就不再贅述，這方面的劇本大家都讀過很多。其實結婚與否只是簽字的那一瞬間，沒有什麼「不能結」的婚姻，眼一閉、牙一咬不就結婚了？重點是日後的經營相處，結婚前問另一半：「你／妳是否能保證就是我命中注定的另一半？」就像是問賣彩券老闆：「您是否能保證這一期我買的一定會中頭彩？」別再為難另一半了，也請把求神問卜的時間精力放在努力求偶的行動上，努力活出自己精彩的劇本吧！

Q08：算命師會說有些人註定就是當小三／小老婆的命？不想當小三，有何破解之道？

A：曾經聽聞算命師談及小老婆的命、和尚命、尼姑命等等，過去當人小老婆的，或多或少還會尊敬元配，畢竟是自己介入了她人的家庭，有些則是被自己家庭所逼，被販賣或脅迫而成為妾，把活生生的女人當工具，是人類史上的悲劇。豈料這世界隨著物質的富裕，本來應該感恩不再挨餓受凍的人們，卻飽暖思淫慾地墮落下去，竟出現笑貧不笑娼的現象，小老婆也開始猖狂起來，說什麼是元配感情不睦，才造成先生往外找溫暖，不然就是什麼各取所需的講法，再補個算命老師說有人天生就是小老婆命，呦~當起小老婆還名正言順起來！不記得十殿閻羅的地獄圖上面畫的，破壞別人家庭在死後可是要「腰斬」的！

聽說過小三之所以成為小三的各種理由，有些聽起來還挺委屈的，搞得旁人有時候也掬起一把同情的眼淚，然而這個世界的人間事雖然一向很複雜，但是地球運作的道理往往總是最簡單：「良家婦女就是良家婦女、婊子就是婊子，別想當『良家婊子』！」介入他人的家庭就是事實，沒有人拿刀押著妳吧？如果當小三是被逼的，那就去報警啊！當小三就請為自己造成元配的傷害懺悔，別想要面子、裡子都要，那可不是做人的道理。

不想當小三的破解之道就是：妳去找個單身男子就可以了！還是說已經深深地愛上了沒辦法？我就納悶了：怎麼不去深深愛上一隻狗或一頭牛？就偏偏會去愛上有家室的？如果妳的愛必須要立基在傷害他人的狀況下，那樣的愛很自私、更是不美麗，試想：強暴犯對妳說真的情不自禁很愛妳，這樣的性侵害就不會對妳造成傷害或是就變成理所當然嗎？那麼便不要請元配諒解，也不要推託給命運，難道有人可以提出自己是強姦犯的命格，就能夠主張性侵無罪嗎？

正面迎向自己的人生吧！不想承擔也還是會被報應，世間的規則是神定的，不是說服自己就算了，與其花費力氣為自己辯解，不如讓生活步在正軌，謹守仁義道德絕不會吃虧的，神不會虧待我們，也不會虧待小三所傷害的人們！

三、民間習俗篇

Q01：何謂「陰廟」？台灣寺廟非常多，一般人應該如何判斷？

A：陰廟的分辨是相較於傳統的陽廟，商周時期的人們發展出「死後世界」的概念，此世的王公貴族會到冥界繼續他們的統治，自然他們也需要奴僕、人民等等，就這點觀念來說，我倒比較欣賞台灣賽德克原住民：「大家死後都到祖靈之家那裡當朋友吧！不再有仇恨、敵人。」只是中國人封建習慣了，哪一天沒有皇帝或英明偉大的領袖就不習慣，即使是民主行之有年的台灣，每逢大選時就會出現「天子傳說」，活的時候要讓長官們管理，死後的世界、精神的世界也有一堆「無形的官員」來管著我們，所以死了之後才要燒一堆紙錢，以便賄賂陰路上的那些官員，又因為來投胎時也需要「盤纏」，但是投胎時又沒有子孫燒紙錢怎麼辦？所以就發明了「庫錢傳說」，也就是一出生時便辦了「貸款」以支應出生路上的開銷，死的時候要燒庫錢就是還這筆貸款啦！至於庫錢欠下多少則是依生肖不同，這種生死文化還真是：活得不自在、死得不瀟灑啊！

正是因為封建觀念的影響，華人的信仰體系中有著如同人間的天庭體系，從最高的行政首長到各種的風火雷電、生老病死、各行各業都有主管的神明，另外也有很活潑的仙人、菩薩，在正規體系之外為大家解決困難、超拔痛苦，大部分的神明職稱，可以從小說《封神演義》當中找到，《封神演義》俗稱為《封神榜》，顧名思義以武王伐紂為故事背景，加入許多民間傳說與神話，最後是姜子牙為這些故事主角、配角封神的故事，裡面不管好的、壞的後來都成了神明，像我們現在所熱愛的五路財神趙公明就是「助紂為虐」的反派，最後才遭姜子牙以法術暗殺。

生活總是辛苦、不如意的，所以民間的信仰活力總是活潑又有力道，這些「封神」故事隨著時代演變就更加豐富，只要是合於民間傳說，或是合於官方政府價值觀的那些忠義愛國角色，基本上就是屬於「陽廟」，相反的就屬於「陰廟」。

那為什麼不屬於大眾所景仰、又不被官方所鼓勵的角色，也要弄成「陰廟」來拜拜呢？從另一本小說《水滸傳》便可得知，即便是被逼上梁山的土匪或好漢，其中很大部分還是盼望著「招安」，而招安、收買等方式又是我們歷史中所普遍存在的手段，乃至於我們對鬼神也常進行的招數：「燒高香、焚紙錢、殺豬宰羊供品一桌，如何？總該原諒我的過錯、答應我幾個願望了吧？」尤其民間多半相信，含冤而亡的人死後會成厲鬼，年輕早亡者可能成年後會吵著要婚嫁，這些厲鬼恐怕會危害百姓，百姓們也沒把握是否多拜正神就能保證平安，畢竟小鬼難纏、最怕得罪那些「來陰的」！所以乾脆也就把這些枉死的冤魂奉為神明，建廟享用香火，就不會來找大家麻煩了，兩相得利，真是聰明！

做人的道理大家都會講一大套，只是面對生活的問題與慾望時，仁義道德就只供說嘴、不便實用，我們有很多慾望想跟菩薩、王爺、土地公等神明祈求，心裡也知道應該是要努力，況且自己也沒多長進，憑什麼要神明幫忙？神明應該都去忙更重要的事情吧？此時「陰廟」就是最好的替代選擇，譬如保佑賭博、黑道娼妓或非法勾當，這些事情去求觀世音菩薩或關聖帝君保佑，感覺就是去討罵，最好去問問三太子、濟公或十八王公、姑娘廟，三太子反正是小孩子，對天條多少可以容許犯點錯，濟公可以推託是喝醉了，十八王公、姑娘廟等等，則本來就是非正神也沒官職，天高皇帝遠的不受拘束，講好條件、多少點紙錢就能走偏門了。

過去的人相信人死後的魂魄會入神主牌位，嫁出去的女兒會進夫家的，那麼被夫家休掉、或者沒嫁出去的女兒，死後便會成為孤魂野鬼、非常悽慘，因為這樣的觀念，有許多老一輩的媽媽寧可被打成豬頭也不願意離婚，就怕因為離婚後不能死後入神主牌，會變成孤苦無依的孤魂野鬼，當初我當社工聽到時，都很想拿神主牌來砸！對於沒有嫁出去就死亡的女孩們，民間則發展出了「姑娘廟」來祭祀，一方面讓這些無法入神主牌的孤魂有香火吃，一方面也別讓這些女鬼出來亂，「姑娘廟」就成了不折不扣的陰廟。

在我來看這種心態拜神明，就像是去市場買東西，正神就像是原廠貨，有開闊莊嚴的廟宇當店面，會比較貴一點但也比較安全，可以開發票、保證一切合法但也公事公辦、循規蹈矩；陰廟神就像是走私盜版貨，不能大肆宣傳但價格便宜，對貪便宜的需求者是個選擇，但不保證品質也有可能被黑吃黑，被騙了也不能求償。

一般來說，如果宮廟是深夜開壇辦事並標榜「有求必應」，而且該神明在生前是屬於非正常死亡的，就可歸屬在「陰廟」這一類，通常會宣稱只要展現誠心（足夠的金錢、紙錢等奉獻），就能快速地完成信徒的各種願望，也不管該願望是否合法或正當，信徒的秉性是人還是畜生，這是一種無關乎道德是非的「交易」，而達成願望者若沒有依約還願，後果自然不是慘字可以形容了。

姑娘廟、有應公等都是台灣陰廟的代表，主神可能有名字、也可能沒有，最早的立意應該是造福鄉里，提供陰間社會福利讓枉死者好歹有點香火祭祀，陽間人也能求得平安免於厲鬼危害，然而今日卻演變成多半是賭徒前去求明牌，真是小看了民眾們的一片善心與對無形的敬畏之心。

有時候我看見一些供奉正神神像的宮廟，竟也聚積了一堆凶神惡煞，那些靈一看便知不是好東西，若去了解信徒所求，就覺得「難怪會如此」，這年頭竟也有人敢向玄天上帝、關聖帝君或三清道祖求起明牌，真的是「正神都不正神了」，不再能以供奉的神明為判斷陽廟、陰廟的基準，最精準的基準還是在「人」，倘若宮廟中的信徒總是心術不正、言不及義、好行小惠，即便拜的是菩薩、玉皇大帝，建議還是快快遠離，避免求平安不成、反而惹得一身腥。

Q02：這世間真有鬼新娘，冥婚的形式嗎？

A：冥婚不只是真有其事，甚至在正史中都有記載，最早在周代《周官・地官》就有記載：「禁遷葬者與嫁殤者。」曹操的兒子曹沖在十三歲時因病過世，曹操非常悲痛，並下聘甄氏大臣已經亡故的女兒一起合葬，冥婚的習俗一直流傳著，到了近代民國五十七年，前台北市市長高玉樹先生也曾為兒子舉行冥婚，甚至到了民國一百年，韓國已故女演員鄭多彬的父母，也為她挑了一位素未謀面男子舉辦冥婚，讓兩人在陰間好做伴。

冥婚的手續與活人差不多，通常也要媒合八字，在台灣則有在路旁放紅包的習俗，若撿到放有亡者生辰八字的紅包袋就等於是亡者自己挑的意思，撿起來後就會有人衝出來叫他「姊夫」之類的，現代的人已經都被教育得很好，從小就被教導路邊的紅包不能亂撿，以後應該也會像南韓一樣，會有「冥婚介紹所」，專門為尋求冥婚的家屬服務。媒合之後的手續，例如：提親、迎娶等等也通常不會少，差別比較大的是會用紙人和牌位來代替親人，一部分的禮金、禮品也會用紙紮品代替，而冥婚之後的兩家一樣也會成為「親家」，互相以親家的身分往來。

男大當婚、女大當嫁是華人傳統的觀念，深受儒家思想影響的韓國人也是，再加上死後會有另一個世界的觀念，所以也會有未婚男女死後以冥婚相互作伴的想法，這都是我們對早夭親人的一種祝福，盼望他們在另一個世界也能過得幸福美滿，是挺溫馨的故事，在台灣又有死者為大的觀念，已經娶鬼新娘者仍能正常娶妻生子，只是要奉鬼新娘為大，活人妻子要稱其為姊姊，有時子女也要過繼給鬼新娘以示尊重，在不影響正常生活又能做好事之下，娶鬼新娘對台灣人來說，多半其實是可以接受的。

由於娶鬼新娘等於是讓未婚亡者的她圓了心願，這類算是行善的「好事」，感覺應該就會有「好報」，所以有不少傳說是鬼新娘會幫助夫家，因為娶了鬼新娘保佑生意大發的故事，導致有些男生會為了改運、求財而刻意去娶鬼新娘，甚至還娶了好幾個，這種被扭曲的價值觀就讓浪漫的冥婚習俗蒙上一層陰影，在性別失衡的中國，甚至出現了極端的案例：

中國北方盛行的冥婚，不只是神主牌位合婚的儀式而已，還真的把男女的骨骸合葬在一起，由於性別失衡和貧富差距，有些男子終其一生未能成親，親人為了一圓這男婚女嫁、天經地義的傳統，往往會尋求女屍同葬，然而活人女性已經不多、難道女性屍體就會多嗎？竟然出現了盜墓女屍轉賣的惡行，甚至有拐賣女性、殺了賣屍體的社會案件，有些家中患有精神疾病或智障的女性，家人以為是被想傳宗接代的光棍娶走了，豈料女兒是被帶到遠方殺害後，再被賣個好價錢！這些都是無關乎好壞的「習俗」被扭曲後的悲劇。

想在另一個世界能過得好是人之常情，特別是為了亡故的親人，不論是喪事或是冥婚，親友能做到的無不努力幫忙完成心願，但凡事「過猶不及」，至少都該合理合法才合乎天地正道，不只是冥婚的習俗，各種信仰都當以此標準檢視之，才能讓信仰帶給社會大眾平安幸福而非恐懼不安。

Q03：有許多藝人會去拜「狐仙」求感情、事業順遂，真有其事？

A：「狐仙」是普遍存在於東亞的傳說信仰，中國神話中的狐狸會透過修練和吸收日月精華而成精或成仙，道行厲害的就會幻化成人形，最有名的就是《封神榜》裡面的妲己，因為被九尾狐❶附身而使得紂王變得很殘暴，最後導致商朝衰亡，繼起的周朝則滅在周幽王手中，其滅亡的理由一樣推託在女性褒姒身上，也指責褒姒是九尾狐的化身，於是中國和韓國都常形容勾引男人的為「狐狸精」，這種把自己的失敗怪罪在女人身上的精神，身為女性同胞的我們，實在不該支持這種貶抑女性的信仰。

在台灣有傳說狐仙是道教張天師府的護法神，隨著教主輾轉來到台灣，由於相信供奉狐仙男子可得「魅」、女子可得「媚」，這對於很需要「魅力」與「媚力」的男男女女有很大的吸引力，例如業務、特種營業、小三等等，很需要影迷、歌

❶據說狐妖每修行五百年，尾巴就會裂成兩半，九尾狐就是形容修練很高的妖精。

迷、戲迷的演藝人員，自然也會需要祈求魅力無窮，相約去祭拜狐仙，以求星運亨通，雖然礙於對狐仙總會聯想到狐狸精這種負面觀感，所以狐仙崇拜雖然存在卻是不普及，亦正亦邪的印象倒讓不少小三當作崇拜的對象。

在日本，狐仙信仰普及的原因，與狐狸會吃掉有害田裡作物的老鼠有關，因此在日本的神道教中，狐仙被視為農業的守護神使者，至今還有許多神社供奉，並且也有好壞之分。台灣的農田沒有狐狸出沒，所以日本人拜狐仙的習俗並沒有流傳過來，由於工作需求的不同，狐仙成了藝人在拜的、而不是農民在拜，這便顯示了同樣一個崇拜的神祇，在不同的社會環境下定義就產生不同看法，我想崑濱嫂不是因為拜了狐仙所以愛上了崑濱伯的吧？該怎麼跟日本人解釋台灣有這麼多女生要拜狐仙呢？

藝人們的消息占據影劇版面，娛樂新聞就是要來娛樂我們大家的，這是他們對社會的貢獻，所以藝人的一舉一動不會放在文化教育版，甚至偶爾會出現在社會新聞版，所以藝人都去拜狐仙不代表我們都要去拜狐仙，就像我們不會去過藝人的生活一樣；再者，狐仙要修練百千年吸收日月精華、獲得高人指點，才能夠化為人形，我們則不必出力發功就是人形了，如此說來，我們的能耐還比狐仙高個百來年吧？珍惜我們的「人身」吧，生為人身就是大有可為，下次去拜狐仙要記得勉勵狐仙繼續加油，努力修練，有朝一日一定能當人的啊！

Q04：養小鬼、喝符水、下降頭……，法術可以控制另一半，真有其事？

A：這些法術的確是存在的，也都真有其事，但是有聽過降頭師當國家領導人的嗎？想到這些法術，通常會聯想到的就是泰國吧？根據泰國國家統計局於二〇一一年發布的統計，泰國離婚率為百分之二十五，也就是每四對新婚夫妻就會有一對離婚，更別提泰國興盛的色情產業，有多少女生能夠放心另一半到泰國單獨旅遊或工作？如果這些法術這麼靈光，怎麼泰國女人會管不住先生呢？這些養小鬼、喝符水和下降頭的傳說，多半繪聲繪影「盛產」於東南亞，不過大家也都知道那些國家的國情、國力如何？有因為這些法術而國家昌盛、人民幸福嗎？想要利用這些法術控制另一半的朋友，還是勸您三思而後行吧！既然這麼相信這一類的力量，若遇到心懷不軌之人，到時候誰控制誰還不知道呢！

棒球裁判是全世界最沒有人緣的工作之一，不論怎麼判都會有一方不滿，贏球的都是自己有本事，輸球的偶爾就會聽到：「都是輸給裁判。」事實上棒球本身就有許多難以解釋的現象，例如犯了不該犯的失誤就會輸球、有得分機會卻沒得分則下一局就會失分，有時候狀況不好卻因為落點好變成安打，有時候則打得很好卻又遇到對手守得更好，所以不論教練、球員或裁判都有各自的信仰禁忌，裁判雖然無關乎輸贏，但很努力不要發生誤判，還有不要被球擊中而受傷，我剛踏入裁判這一行就吃了不少禁忌的苦頭，因為某些裁判的禁忌對象就是：「查某人！」

除了被趕出休息室的經驗之外，也有裁判不讓我碰到他坐的椅子、裝備，在球場發生了誤判時便痛罵是因為查某人在球場的關係，所幸隨著數年來的努力，我成為了國際棒總的國際裁判、並完成美國職業裁判學校訓練合格後，加上許多貴人的幫助，我以為這些禁忌已成為歷史，直到二〇一一年底我在中部某比賽擔任翻譯，賽前再被某老人斥喝：「查某的不要碰球！」當下我完全愣住了，在我還沒回過神前，被澳洲籍裁判找去協助公務才離開那噁心的現場，之後我再次被告知：「比賽前不能給查某人摸到球，除了幫主審送球的女球僮之外！」

到了晚上又被告誡並問話：「妳今天碰到了幾顆球？」我回答：「兩顆。」對方問：「那有把球挑出來嗎？」我說：「沒有，就跟所有的球放在一起比賽啊！」對方瞪大眼睛不可思議地說：「怎麼會這樣？怎麼今天沒有誤判、主審也沒有被球打到？應該至少會有兩顆吧？」說真的，我也非常驚訝：「我很驚訝這年頭怎麼還有活化石在球場上呼風喚雨？」離開前對方跟我說：「明天我們要去拜媽祖求平安和比賽順利，妳要去嗎？」我當然是不會去的，有機會去的話也一定會跟媽祖講這件事：「媽祖，妳來保佑比賽要小心喔，可不要碰到球耶！」

小鬼、喝符水和下降頭這些法術，就像是武俠小說中的點穴，在電影和書裡面都很厲害，但你看過現實生活中有點穴術、飛簷走壁和水上漂嗎？能夠期待法術達到傳說中的效果嗎？有棒球活化石至今仍深信女生碰到球會導致輸球或誤判，問問他們的經驗，他們也能很肯定地告訴你過去因為查某人碰到球，所以發生了什麼可怕的後果，可以舉出許多案例，所以必須堅持這個傳統禁忌，豈知旁觀者清，能夠看清就因為這種迷信的態度才會導致失敗。這些法術真有其事嗎？就算你是當事人也該偶爾跳出來當個旁觀者吧，別敗在自己的心態，就很遺憾了！

Q05：嬰靈存在嗎？據說墮胎後它會跟著你、阻礙你諸事不順？

A：在筆者第一本書《靈界的譯者》中已經提過對於嬰靈的觀察，在神壇宮廟混得夠久其實可以觀察出一些有趣的現象，會發現其實在民間信仰這塊也是會「趕流行」！過去關於鬼神之說在戒嚴時代也是少有人討論，流傳的鬼故事多半是在勸說善惡到頭終有報，解嚴之後開始盛行陰宅說，本來多半是安葬在自家田裡的墳墓，過往都是配合生肖找個吉祥的方位與時間就好了，一時間大家都講究起來，接著是流行祖先牌位與「雙姓說」、「倒房說」，其實經歷二次大戰後，誰家不曾倒房死人？入贅與冠姓氏的約定在戰後也很普遍，雙姓或倒房幾乎每個家庭都會發生，只是看要追溯到多早以前，在民國七十年代的神壇文化，大家都講究起祖先，只是這慎終追遠的習俗好像也沒讓大家更加孝順，反倒是覺得祖先欠我們很多似的！

牽拖完祖先之後，民國八十年開始幾乎是「嬰靈當道」，在那個經濟起飛的年代，神壇宮廟也如雨後春筍般四處成立，這與賭博風氣盛行有關，中小企業的蓬勃發展讓許多人致富了，也開始到處盛傳那些老闆是靠「養小鬼」發財，眼睜睜看著別人致富、自己卻總是不順，歸咎起原因除了陰宅祖先不好、看到是家裡風水不佳，最後則怪罪到「嬰靈」上頭，認為不管是自然流產或人工墮掉的未出世孩子，是諸事不順的原因，再加上覺得小孩子總是會無理取鬧，藉此使父母病痛纏身、處處碰壁以為報復，許多到神壇求助者，往往被「診斷」為嬰靈纏身，如果當事人自認為未曾墮胎或流產，還能被說是媽媽的、阿姨的、祖母的，反正家中女性一定會遇得到，不可能會說錯的！

其實嬰靈之說在我小時候未曾聽說，很有可能是從日本傳過來的。日本從十一世紀開始有了為除病延命而造地藏像的記載，並逐漸演變成嬰兒的守護神，保護胎兒安全的出世與平安的成長，有了所謂「守子」、「安子」、「育子」、「持子」的地藏信仰。然而在二戰之後出現了嬰兒潮，由於無法扶養這麼多小孩，有許多人選擇墮胎，但是正統的寺院並不提供未出世孩子的超度，這與正統佛教的教義教理不合，於是在信徒的需求下，開始有些地方願意提供「嬰靈服務」，讓這些不安的父母有心靈的抒發管道。日本的民間佛教有一說，亡靈要超度前要經過一條冥河，這些嬰靈因為年紀太小了，所以渡河很困難❷，地藏王菩薩就是最適合的求助選擇，也因此許多日本的地藏王菩薩是抱著孩子或是可愛孩子的塑像。

由此可知原本的嬰靈信仰是父母不捨孩子，以及孩子要贖不孝之罪的信仰，傳到台灣之後卻成了嬰靈作祟使父母諸事不順的「禍首」，倘若就江湖術士所言，嬰靈會因為不懂事而大鬧父母，那為什麼你付了一筆錢後，嬰靈就會又很講理地履約超度呢？嬰靈不會認金紙，倒是神棍很會認鈔票！只是提供這項超度服務的「宗教服務人士」，從來不會認為自己是神棍或江湖術士，以他們的立場，只是為大家提供安心服務，一個願打、一個願挨。

以佛教的觀點來看，不論是人或者是嬰靈，死後即成為「中陰身」，在七七四十九天之後便進入六道輪迴當中，所以嬰靈在經過四十九天之後也會離開人間，到應該去的輪迴當中，何來嬰靈作祟之說？嬰靈對於神壇而言更大的意義是「商

❷也有一說是孩子要在冥河邊堆積石塔，以贖早夭不孝父母之罪，但是總會有惡鬼來搗蛋，不讓孩子完成而能渡河，因此地藏王菩薩會來救助這些孩子的陰魂早日渡過冥河。

品」，如同祖先、風水、八字、姓名、卡陰、放符和冤親債主，都是怪罪人生不順遂和不如意的對象。我非常不同意「嬰靈作祟」的說法：不做好安全措施鬧出人命已經是錯誤，期待生命來到卻不幸流產已經夠傷心，怎可以又將罪名安置在母親與無辜幼兒的上面？誠實面對自己的挫敗有這麼難嗎？或許吧？至少怪罪在無形的上面容易多了！

所以除了歷久不衰的嬰靈之後，開始流行起「姓名學」，想想要當台灣人的父母多不容易？倘若不保證孩子的事業成功、感情順遂，他們會埋怨你給的生辰八字、風水陽宅，成年後只差沒把你給的姓氏都改了，最後還希望你死得「恰當」，千萬別礙著他們的前途，怎樣，如果可以再一次選擇，會不會很想就乾脆讓這種小孩當嬰靈？我們不喜歡這種人，自然也不要當這種人，那麼便反求諸己，別牽拖祖先和嬰靈吧！

Q06：孩子不好帶養，必須認神明當義子、義女才會順遂？

A：台灣民間有個習俗，讓孩子給神明當義子、義女會比較好帶，命中帶煞的也會比較平安、不會傷己或煞到父母，小孩子也會比較聽話、發展得比較好，有這樣的觀念主要是因為有些人相信人一出世就「帶煞」或多「關卡」，請來神明當義父、義母，不看僧面也看佛面，好歹也能治煞和多關照孩子吧？小孩不乖也可以對他說：「你乾爹是關聖帝君耶！不乖會修理你喔！」只是認什麼樣的神明要小心啊！有些神明是石頭裡蹦出來的、有些像是三太子是差點把父母搞瘋，要認也要認個二十四孝那種比較保險！

其實認神明為義父、義母，這樣這種想法與拿衣服收驚、用小紙人代替來燒化祭改的心理作用差不多，都是父母希望孩子平安長大的做法，不過我們來檢視一下「效果」，想到最常跟在神明身邊的孩子們，會聯想什麼畫面？八家將？陣頭？他們很長時間待在神明左右也為神明服務，卻通常不是順遂、好命的孩子！事實上，這些孩子卻總是被汙名化，與不良少年畫上等號。

台北市有成立四個少年服務中心，服務和輔導危機少年、中輟生和兒童與少年性交易者，西區少年服務中心為天主教善牧基金會經營、北區有基督教勵友中心、東區是張老師基金會，以及由基督徒所成立的勵馨基金會所經營的延吉少年服務中心。雖然這是以台北市做例子，不代表台灣的整體，但是也能看到天主教、基督教長期對於兒童、少年的關心與照顧，特別是大家頭疼的「非行少年」❸。換句話說，至少就台北市而言，那些刻板印象中的八家將、陣頭等青少年，多半由天主教與基督教的服務中心在提供服務。

談到人的教育發展都會說到先天與後天的影響，先天就是指基因、後天便是成長的教育與環境，而孩子出生在我們的家庭，基因是我們的、家庭環境也是我們給的，要把孩子的發展好壞請神明負責，是不是太牽強、甚至是牽拖了？所以還是回歸基本面，讓孩子知道認神明當義父、義母是對他們的祝福與期許，在充滿愛與祝福所教養的孩子，一定會是知足感恩、好帶養的孩子。

Q07：許多人婚後卻遲遲不孕，勤拜註生娘娘有效嗎？

A：「生育」是人類最看重的事情之一，畢竟沒有生育就代表滅種了，不僅僅是人類，只要是生命幾乎都帶有神奇的繁衍機制，只能用不可思議來形容，為何男性要貶抑女性以及認為女性的月經是污穢的，有一說便是因為男性「懼怕」女性的生殖能力，畢竟男人再怎麼勇健神力，永遠就是做不到「生孩子」這偉大的功能，所以本能上就往壓抑、貶抑女性發展。就像是職場、球場上一些「女性禁忌」，某種程度只是害怕女性能做得跟男性一樣好、甚至是更好！所以古早時候的信仰發源，與生殖、豐收都有密切的關係，每個民族也都有自己的「生育之神」。

閩南、台灣地區的生育之神當屬「註生娘娘」，認為是主管懷孕、生產之神，與「臨水夫人」一樣都是保佑孕婦的重要神明，兩位神明的由來則有不同版本，有

❸非行青少年是指12歲以上未滿18歲觸犯刑罰法律或有觸犯刑罰法律之虞的少年。

些還認為是指同一人，最通俗的典故來由還是《封神演義》，是「龜靈聖母」的三名高徒：「雲霄」、「碧霄」、「瓊霄」三位女仙，因其曾以產盆練就「混元金斗」法寶，因此陣亡之後，被姜子牙封為「感應隨世仙姑正神」，掌管人世間生產之事，又有一說則是因為沒有被姜子牙冊封，所以告到玉皇大帝那裡，而被冊封為註生娘娘。此外還配有「婆姐」當助手，著名的台北龍山寺內就可以看到供奉註生娘娘與十二婆姐的塑像。

由於佛教傳來中國之後，在這片土地落地生根，深深影響華人世界的信仰觀，有些求子的人們也拜起了「送子觀音」，顧名思義就是祈求菩薩保佑生育，不過佛教本身也是有專屬的「生育護法」——「鬼子母」。傳說在佛陀時代有位神力高強的惡鬼「訶利帝母」，她為了養活自己五百個子女，就到人間去吃小孩當食物，於是佛祖施展神力把她的小兒子藏起來，鬼子母發現寶貝兒子不見了萬分著急，佛祖便問她：「妳現在也感受到失去孩子的痛苦了嗎？那妳應該要了解那些被妳吃掉孩子的母親們的痛苦，如果妳發誓不再殺害孩子，我便把妳的兒子還妳。」鬼子母想要答應，卻愁著若不殺害嬰孩為食，那要怎麼養活自己的孩子呢？於是佛祖答應只要鬼子母不再殺害孩子，以後就由僧眾們施食。此後僧團也開始在用餐之前，先布施食物給惡鬼的傳統。後來這位鬼子母神也成了婦女和小孩的守護神，與註生娘娘的功能相似。

古人認為生不出男孩是媽媽的肚子「不爭氣」，醫學還給天下的媽媽清白，學過生物課的中學生都應該知道決定性別在於爸爸的染色體，現代的科學與醫學也教我們人類在很多部分改觀，在一九七八年的兩位英國醫生派屈克・斯特普和羅伯特・傑弗里・愛德華茲，一起為一對輸卵管受阻而九年不能懷孕的父母進行人工授精手術，產下世界上第一位人工受孕的嬰兒，這位嬰兒長大後並結婚生子，經由自然受孕當了媽媽，這兩位醫生獲得了諾貝爾獎，試管嬰兒的技術也成全了數以百萬計的夫妻為人父母的心願，不過沒有人把他們當「註生公公」塑像來拜。

有個流傳很廣的小故事：某日在連日豪雨後開始淹起大水，有位神父在教堂中虔誠地祈禱，眼看著洪水已經淹到他的身體，這時候來了一個救生員開著小艇跟神父說：「神父！快上來！」神父說：「不！我要守著上帝的殿堂，上帝會來救我的！」於是救生員就很無奈的離開了⋯不久後，洪水已經淹過神父的頭，神父只好勉強站在桌子上，這時候來了一位警察開著小艇跟神父說：「神父快上來，不然你就快要被淹死了！」神父卻堅持說：「不用！我要守著我的殿堂，我深信上帝一定會來救我的！」於是警察也很無奈的離開了⋯。

又過了一會兒，洪水已經把教堂淹沒了，神父只好抓著十字架，這時一架直升機緩緩開過來，丟下繩梯之後救生人員大叫：神父！快！快！拉著繩梯爬上來！不然洪水會把你淹死的！神父還是意志很堅定的說：「不！我要守著我的殿堂！我深信上帝會來救我的！」於是直升機也很無奈的離開了。故事的最後是神父還是被淹死了，他上了天堂之後便質問上帝：「我用生命相信祢，但是祢竟然見死不救是什麼意思？」上帝便說：「你有毛病啊？我已經派了兩艘小艇和一架直升機去救你了！不然你是要怎樣啦？」

不孕症的成因有很多，許多人透過現代醫學都能如願以償當上父母，只是成功的機率要看每對夫妻的狀況，如果女性都停經了還想懷孕當媽媽，註生娘娘恐怕也會勸她投胎再來一次比較快！不論是想要懷孕或是生病需要醫治，勤求神明之外，也要尋求專業醫師的幫助才是最高招！

Q08：有些人婚後多年一直不孕，神明指示說要認養小孩，之後才會有小孩緣？

A：神明指示如果認養小孩就會有小孩緣，繼而能解決多年不孕，那如果有人被狗咬，神明也會指示要捐款給流浪狗協會囉？同理可證：不想生病的就捐款健保局、不想死的捐款給殯儀館、想要前途一片光明和平坦的就認養路燈管理局和養工處的設施維護，神明您嘛幫幫忙！是要我們玩「心願連連看」嗎？如此推理起來，認養小孩也是有學問：難不成我認養非洲小孩後，以後生的孩子皮膚會黑黑的嗎？

世界萬物確有不可思議的連結，搏個好彩頭也是人之常情，有些人拜文昌帝君要用蔥，代表小朋友會聰明，「蒜」和「芹菜」則分別象徵「會算數」（數學好）和「勤勞」，其他祭祀也常運用這樣的原理，例如過年拜「發糕」象徵著「年年發、年年高」，這種「象徵」的心理是許多信仰常見的現象，就如同新婚夫妻的床要請小男孩先跳上去滾一滾，好讓新娘早生貴子一般。

但是有些事物則是獨立的，例如多看韓劇不會因此更容易遇上如意郎君，也不會容易讓自己的情人變成同父異母的兄妹，更不會容易因此罹患癌症或發生車禍！過度的推論與連結只會變得迷信而造成反效果，例如那些倒楣的犀牛，只因為牠們的犀牛角長得像勃起的陽具，就差點為此要絕種！奉勸那些蠢男人：那根舉不起來最好要給醫生看，一直舉得跟犀牛角一樣也是要去找醫生看啦！

一個人若是順遂、如願以償的，我們會說這個人很有福報，或是受到神的恩典，反之當我們有困難與心願難達成時，大部分的宗教都會勸我們知足、信靠神，以及多行神所喜悅之事和植福、培福等等，我也認同行善是最好的做法，特別是我的生命經驗當中，只要總是心存正念、努力不懈，總是很快能得到豐厚的收穫，不論是工作、棒球、感情都是，實在是無法否定這世界上沒有神、沒有天理！

冥冥中有一定的運行道理，想要達成心願，行善止惡確實是最安穩的方法，關鍵字就在「多行善事」，不必搞一堆聯想法，虛耗精神就罷了還可能會本末倒置，是對的事情、好的事情，那就是「做就對了」！譬如不孕之事，也要神、也要人，請把心靈交給菩薩、神明，身體交給專業醫師吧！

Q09：去廟裡許願（不論求婚姻、感情還是事業），心願達成之後若沒有還願就會不順？

A： 撇開靈異的部分而言，單就心理的層面來看，「許願達成後而不還願」，難道不會造成心理上的負擔嗎？姑且不論鬼故事裡、鬼電影裡面那些恐怖的復仇記，孔子都有說：「民無信不立。」、「人而無信，不知其可也。」老師說的話要聽：信用是人與人之間建立關係的根本，也代表一個人的人格，許願基本上就是一種「誓約」，說出口了、發了心了，當然一定要完成囉！

倘若許願達成後，又不願意或不能夠還願，這就如同毀損了誓約，在毀損誓約的情況下，有良心者總應該都會感到不安吧？心中不安者怎麼可能獲得心靈上的平安，而心靈不安者又怎麼會生活得順遂呢？因此不論誓約的對象是對人或是對神，不履行就等於是「虧折」，膽敢虧折唬攏神的，要不是覺得神明好欺負，就是嫌自己福報太多無處花！

只是人在困難的情況下，往往容易六神無主，有時就會起一些自己達不到的誓言、許一些自己壓根都完成不了的願，不過相信神之所以為神，就是比人類多了很多的本事，也有神之所以為神的高度，如果能真心誠意的祈求原諒與懺悔，相信神會有祂的決定，而且祂是神嘛！所做的決定一定都是對我們最好、最適當的決定。

人呢？就是盡好人該做的本分就是了：管好自己的「言」、也管好自己的「行」，言行就是神審判我們的依據，或者是說決定我們未來的業力，踏踏實實、穩紮穩打就會鋪平我們順遂的人生了！

《Safe & Out 堅持。與自己對決的勇氣：那些棒球教我們關於挫敗與態度的故事》

作者／ 尤志欽、吳家維、 邱景彥、 楊崇輝、 劉柏君

全世界都認為「正確判決」是理所當然，
但在裁判的世界裡，「正確判決」是一種挑戰。
裁判的工作就是挑戰一般人無法達成的任務！

他們活在高度壓力之中，吞下不為人知的苦，
不斷測試身體的極限，只為了留在最愛的球場；
即使挫敗令人低頭，也要努力仰望天空，
因為勇氣是走在不被看好的道路上，還堅持踏出下一步——

《鬼怪不想讓你知道的50個祕密》

適讀年齡：附注音，低年級適合親子共讀，中高年級可自行閱讀。

作者／索非亞　　繪者／鹿比

為什麼關於鬼怪的事情，大人都不說，
我還不知道，世界上有沒有鬼怪？
如果有鬼怪，他會嚇我嗎？會害我嗎？
如果有壞妖怪，我該怎麼做，才可以保護自己呢？

廁所最容易藏鬼怪，你知道該怎麼趕走他嗎？
如果遇到鬼怪，就罵他們髒話，這樣對嗎？
有人在玩碟仙，我也可以玩嗎？

●國家圖書館出版品預行編目資料

靈界的譯者3：情與愛的輪迴 / 索非亞著-- 臺北市：
三采文化，2012.02
面； 公分. --（FOCUS：39）
ISBN 978-986-229-608-0（平裝）
1.通靈術

296.1 100023848

suncolor 三采出版集團

FOCUS 39

靈界的譯者3

情與愛的輪迴

作者 索非亞
責任編輯 賴沂青
文字編輯 翁昭鈺
文字校對 陳正益
封面設計 陳碧雲
內頁排版 晨捷印製股份有限公司

發行人 張輝明
總編輯 曾雅青
發行所 三采文化股份有限公司
地址 台北市內湖區瑞光路513巷33號8樓
傳訊 TEL:8797-1234 FAX:8797-1688
網址 www.suncolor.com.tw
郵政劃撥 帳號：14319060
戶名：三采文化股份有限公司
本版發行 2017年5月10日
定價 NT$280

suncolor

suncolor